本书获得国家社科基金一般项目
"汉语儿童早期范畴分类能力的发展研究"(11BYY037)
教育部人文社会科学研究规划基金项目
"抽象结构对汉英句式启动效应的眼动研究"(18YJA740004)
资　　助

School of Foreign Languages
Hunan University

刘正光 主编

湖南大学外国语学院
新人文话语丛书

# 汉语儿童早期范畴分类能力的发展研究

曾涛 著

中国社会科学出版社

# 图书在版编目(CIP)数据

汉语儿童早期范畴分类能力的发展研究 / 曾涛著 .—北京：中国社会科学出版社，2018.9

（湖南大学外国语学院 . 新人文话语丛书）

ISBN 978-7-5203-3161-6

Ⅰ.①汉… Ⅱ.①曾… Ⅲ.①汉语-儿童语言-研究 Ⅳ.①H193.1

中国版本图书馆CIP数据核字（2018）第214874号

| 出 版 人 | 赵剑英 |
|---|---|
| 责任编辑 | 曲弘梅 |
| 责任校对 | 赵雪姣 |
| 责任印制 | 戴 宽 |

| 出　　版 | 中国社会科学出版社 |
|---|---|
| 社　　址 | 北京鼓楼西大街甲158号 |
| 邮　　编 | 100720 |
| 网　　址 | http：//www.csspw.cn |
| 发 行 部 | 010-84083685 |
| 门 市 部 | 010-84029450 |
| 经　　销 | 新华书店及其他书店 |
| 印刷装订 | 北京君升印刷有限公司 |
| 版　　次 | 2018年9月第1版 |
| 印　　次 | 2018年9月第1次印刷 |
| 开　　本 | 710×1000 1/16 |
| 印　　张 | 14.75 |
| 插　　页 | 2 |
| 字　　数 | 206千字 |
| 定　　价 | 66.00元 |

凡购买中国社会科学出版社图书，如有质量问题请与本社营销中心联系调换

电话：010-84083683

版权所有　侵权必究

# 丛书总序

"新人文话语"是湖南大学外国语言文学学科推出的系列开放性丛书。本丛书2007年推出第一批，由湖南人民出版社出版，共五部，即《隐喻的认知研究：理论与实践》（刘正光著）、《二语习得与外语教学》（肖云南著）、《翻译：跨文化解释》（朱健平著）、《华莱士·史蒂文斯诗学研究》（黄晓燕著）、《亨利·詹姆斯小说理论与实践研究》（王敏琴著）。推出这个丛书的最初想法是，鼓励老师们潜心学术研究，助力学院学科发展。

转眼到了2017年，过去的十年见证了本学科的快速发展。2007年的时候，本学科的教授不到十名，具有博士学位的教师也不多。十年后的今天，本学科在2012年国务院学科评估排名中并列第十七位，2017年在"软科中国最好学科"排名中位列第十二，排在前10%的第一位。

湖南大学外国语学院有着悠久的办学历史，其最早可追溯到岳麓书院创建的译学会（1897）。1912—1917年，岳麓书院演进到时务学堂以及湖南高等师范学校后，正式设立英语预科和本科部。1926年创建湖南大学外国语言文学系，2000年组建外国语学院。陈逵、黎锦熙、杨树达、金克木、林汝昌、周炎辉、徐烈炯、宁春岩等许多知名学者先后执教于此。

经过几代人的不懈努力，本学科凝练成了理论语言学、应用语言学、文学与文化、翻译学四个稳定且颇具特色的研究方向。

理论语言学以当代认知科学理论为背景，以语言与认知的关系研究为重点，以认知与语言交叉研究为基本范式，寻找认知发展、语言认知机制与语言本体之间的内在联系。

应用语言学以语言测试、二语习得与外语教学为研究重点，强调研究成果在学生能力培养中的实际应用。

文学与文化以小说与诗歌创作理论和生态诗学为重点，紧跟全球化语境下文学理论与文化批评理论的研究前沿，探索文学、文化、政治、历史话语之间的互动关系。

翻译学以哲学、文学理论、文化理论、认知科学、语言学等为理论基础，探索本土文化对异域文化的接受历程和中国文化在西方世界的旅行轨迹，阐释翻译与认知的内在关系以及翻译理论、翻译实践与翻译教学的互动关系。

学科进步的重要标志是人才培养质量和高水平的科学研究。本学科聚集了一大批学术能力很强、潜心研究的中青年学者。"70后"贺川生教授在 *Synthese*（当年哲学类排名第一）、*Syntax*、*Lingua* 等一批国际一流期刊上发表的系列论文引起了国内外学术界的高度关注；"80后"王莹莹教授在 *Language* 和 *Journal of Semantics* 等重要期刊上发表了一系列语义学论文；全国"百优"田臻（"80后"）在英汉语构式对比研究方面取得了令人瞩目的研究成果。

近年来，本学科中青年学者学术研究成果丰富，为此，学院决定继续定期推出第二批和第三批研究成果，做到成熟一批，推出一批。

第二批推出六部著作，分别是《汉语儿童早期范畴分类能力的发展研究》（曾涛著）、《违实条件句：哲学阐释及语义解读》（余小强著）、《认知视阈下日语复句的习得研究》（苏鹰著）、《京都学派——青木正儿的中国文学研究》（曹莉著）、《〈楚辞〉英译研究——基于文化人类学整体论的视角》（张娴著）、《语言边界》（艾朝阳著）。这些著作中，除第六部外，其余的作者均为"70后"，体现出学科持续发展的坚实基础和潜力。

第三批著作也在酝酿之中。作者的主要群体也许将是"80后"了，他们承载着本学科的未来和希望。相信也还会有第四批、第五批……

湖南大学外国语言文学学科的快速、健康发展，得到了各兄弟院校和各界朋友的大力支持。为此，我们衷心感谢，同时也恳请继续呵护我们成长。

　　是为序。

刘正光<br>
于湖南大学外国语学院双梧斋<br>
2017 年 12 月 12 日

# 目　　录

第一章　前言 ……………………………………………………（1）
　第一节　范畴划分 ………………………………………………（1）
　第二节　范畴与非范畴理论 ……………………………………（3）
　　一　原型范畴化理论 …………………………………………（3）
　　二　非范畴理论 ………………………………………………（4）
　第三节　基本范畴词汇 …………………………………………（5）
　　一　基本层次词语的特征 ……………………………………（6）
　　二　基本层次词语最早习得的争论 …………………………（6）
　　三　范畴能力习得先后顺序的原因 …………………………（8）
　　四　汉语儿童习得基本层次词语的研究 ……………………（9）
　第四节　早期范畴层次的发展：两种观点 …………………（10）
　第五节　研究现状简评 ………………………………………（11）
　第六节　研究内容和创新之处 ………………………………（12）
　第七节　本研究的意义 ………………………………………（12）
第二章　研究方法 ………………………………………………（14）
　第一节　个案跟踪研究 ………………………………………（14）
　　一　汉语个案跟踪研究 ……………………………………（14）
　　二　法语个案跟踪研究 ……………………………………（19）
　　三　日语个案跟踪研究 ……………………………………（20）
　第二节　语料库数据研究 ……………………………………（22）
　　一　CHILDES 中的汉语数据库 ……………………………（22）

二　CHILDES 中的法语数据库 …………………………………… (25)
　　三　CHILDES 中的日语数据库 …………………………………… (27)
第三节　控制实验 ……………………………………………………… (29)
　　一　图片分类和命名测试 ………………………………………… (29)
　　二　语义加工在线测试 …………………………………………… (32)
　　三　事件相关电位（ERP）脑电测试 …………………………… (35)
第四节　小结 …………………………………………………………… (39)

第三章　个案跟踪研究 ………………………………………………… (40)
第一节　汉语个案跟踪研究的主要发现 ……………………………… (41)
　　一　5名汉语儿童受试词汇总量的发展 ………………………… (41)
　　二　5名汉语儿童受试各范畴层次词汇的发展 ………………… (42)
　　三　5名汉语儿童受试词汇总量与各范畴层次词汇的
　　　　相关性分析 …………………………………………………… (42)
　　四　5名汉语儿童受试名词层级词汇的总体分布 ……………… (50)
　　五　5名汉语儿童受试名词中各类范畴层次词汇的
　　　　发展 …………………………………………………………… (51)
　　六　5名汉语儿童受试名词中范畴层次词汇的发展及
　　　　同期成人基本层次词的使用 ………………………………… (56)
第二节　法语个案跟踪研究的主要发现 ……………………………… (57)
　　一　5名法语儿童受试词汇总量的发展 ………………………… (57)
　　二　5名法语儿童受试各范畴层次词汇的发展 ………………… (58)
　　三　5名法语儿童受试词汇总量和各范畴层次词汇的
　　　　相关性研究 …………………………………………………… (59)
　　四　5名法语儿童受试名词层级词语的总体分布 ……………… (66)
　　五　5名法语儿童受试名词中各类范畴层次词汇的
　　　　发展 …………………………………………………………… (67)
第三节　日语个案跟踪研究的主要发现 ……………………………… (73)
　　一　5名日语儿童受试词汇总量的发展 ………………………… (73)
　　二　5名日语儿童受试各范畴层次词汇的发展 ………………… (73)

三　5名日语儿童受试词汇总量和各范畴层次词汇的

　　　　相关性分析 …………………………………………… (74)

　　四　5名日语儿童受试名词层级词语的总体分布 ………… (82)

　　五　5名日语儿童受试名词中各类范畴层次词汇的

　　　　发展 …………………………………………………… (83)

　第四节　汉语、法语、日语儿童词汇总量发展和范畴分类

　　　　能力发展的异同 ……………………………………… (87)

　第五节　小结 ……………………………………………………… (88)

**第四章　语料库数据研究** ……………………………………………… (91)

　第一节　汉语语料库研究的主要发现 …………………………… (92)

　　一　汉语儿童词汇能力发展 …………………………………… (92)

　　二　汉语儿童范畴层次词汇能力发展 ………………………… (93)

　　三　汉语儿童词汇能力发展与范畴分类能力发展的

　　　　相关性研究 …………………………………………… (96)

　第二节　法语语料库研究的主要发现 …………………………… (101)

　　一　法语儿童词汇能力发展 …………………………………… (101)

　　二　法语儿童范畴层次词汇能力发展 ………………………… (102)

　　三　法语儿童词汇能力发展与范畴分类能力发展的

　　　　相关性研究 …………………………………………… (106)

　第三节　日语语料库研究的主要发现 …………………………… (111)

　　一　日语儿童词汇能力发展 …………………………………… (111)

　　二　日语儿童范畴层次词汇能力发展 ………………………… (111)

　　三　日语儿童词汇能力发展与范畴分类能力发展的

　　　　相关性研究 …………………………………………… (114)

　第四节　小结 ……………………………………………………… (119)

**第五章　控制实验研究** ………………………………………………… (122)

　第一节　图片分类和命名测试 …………………………………… (122)

　　一　儿童早期词汇发展概述 …………………………………… (122)

　　二　实验数据统计结果和分析 ………………………………… (123)

· 3 ·

三　儿童早期词汇发展与范畴层次词汇发展的关系……………（125）
　　四　讨论…………………………………………………………（126）
　　五　结论…………………………………………………………（127）
　第二节　语义在线加工……………………………………………（128）
　　一　数据统计结果………………………………………………（128）
　　二　数据统计分析………………………………………………（129）
　　三　主要发现……………………………………………………（138）
　　四　讨论…………………………………………………………（139）
　　五　结论…………………………………………………………（143）
　第三节　ERP脑电测试中动句……………………………………（143）
　　一　中动结构的ERP主要发现…………………………………（143）
　　二　讨论…………………………………………………………（151）
　　三　结论…………………………………………………………（154）
　第四节　小结………………………………………………………（155）

第六章　主要结论及讨论……………………………………………（159）
　第一节　主要结论…………………………………………………（159）
　第二节　讨论………………………………………………………（161）
　　一　汉语儿童早期词汇的基本层次效应………………………（161）
　　二　范畴化与非范畴化的认知过程的交互作用………………（162）

**参考文献**………………………………………………………………（164）

**附录1**　转写文件LSY010628………………………………………（173）

**附录2**　平均话语长度（MLU）的计算……………………………（175）

**附录3**　图片分类和命名测试中演示和正式实验图片……………（176）

**附录4**　图片分类和命名测试受试信息记录表……………………（184）

**附录5**　语义在线加工测试中的范畴层次词语……………………（186）

**附录6**　事件相关电位（ERP）脑电测试中三类测试句……………（190）

**附录7**　LSY在1;3;14到1;11;29期间名词层次的
　　　　　发展范式……………………………………………………（192）

附录 8　依据平均话语长度（MLU）选择 11 组受试组

（汉语周兢语料库） ………………………………（204）

附录 9　以文字为刺激类型时成人反应时和正确率 ………（206）

附录 10　以图片为刺激类型时成人反应时和正确率 ………（208）

附录 11　以文字为刺激类型时儿童反应时和正确率 ………（210）

附录 12　以图片为刺激类型时儿童反应时和正确率 ………（212）

后记 …………………………………………………………（214）

# 表 目 录

表 2.1　汉语儿童基本信息……………………………………（15）
表 2.2　汉语儿童语料采集时间段……………………………（16）
表 2.3　法语儿童基本信息……………………………………（19）
表 2.4　法语儿童语料采集时间段……………………………（20）
表 2.5　日语儿童基本信息……………………………………（21）
表 2.6　日语儿童语料采集时间段……………………………（22）
表 2.7　汉语儿童各年龄段的平均话语长度（MLU）及
　　　　标准差…………………………………………………（22）
表 2.8　法语儿童各年龄段的平均话语长度（MLU）及
　　　　标准差…………………………………………………（25）
表 2.9　日语儿童各年龄段的平均话语长度（MLU）及
　　　　标准差…………………………………………………（28）
表 2.10　演示和正式实验中使用的图片 ……………………（30）
表 2.11　词语类刺激材料样例 ………………………………（34）
表 2.12　中动句类型及例句 …………………………………（38）
表 3.1　5 名汉语儿童受试词汇总量的发展 …………………（41）
表 3.2　5 名汉语儿童受试各范畴层次词汇的发展 …………（42）
表 3.3　LSY 的词汇总量和上位层次词汇的相关性分析 ………（43）
表 3.4　LSY 的词汇总量和基本层次词汇的相关性分析 ………（43）
表 3.5　LSY 的词汇总量和下位层次词汇的相关性分析 ………（44）
表 3.6　AJR 的词汇总量和上位层次词汇的相关性分析 ………（44）
表 3.7　AJR 的词汇总量和基本层次词汇的相关性分析 ………（45）

表 3.8　AJR 的词汇总量和下位层次词汇的相关性分析 ……（45）
表 3.9　GZP 的词汇总量和上位层次词汇的相关性分析 ……（46）
表 3.10　GZP 的词汇总量和基本层次词汇的相关性分析 ……（46）
表 3.11　GZP 的词汇总量和下位层次词汇的相关性分析 ……（46）
表 3.12　XWQ 的词汇总量和基本层次词汇的相关性分析 ……（47）
表 3.13　XWQ 的词汇总量和下位层次词汇的相关性分析 ……（48）
表 3.14　YDZ 的词汇总量和上位层次词汇的相关性分析 ……（48）
表 3.15　YDZ 的词汇总量和基本层次词汇的相关性分析 ……（49）
表 3.16　YDZ 的词汇总量和下位层次词汇的相关性分析 ……（49）
表 3.17　汉语 5 名儿童受试范畴层次词汇的卡方值检验 ……（50）
表 3.18　LSY 15—23 个月期间基本层次词汇（类型）的发展及同时期成人基本层次词的使用 ……（56）
表 3.19　AJR 15—23 个月期间基本层次词汇（类型）的发展及同时期成人基本层次词的使用 ……（57）
表 3.20　5 名法语儿童受试词汇总量的发展 ……（58）
表 3.21　5 名法语儿童受试各范畴层次词汇的发展 ……（59）
表 3.22　Theophile 的词汇总量和上位层次词汇的相关性分析 ……（60）
表 3.23　Theophile 的词汇总量和基本层次词汇的相关性分析 ……（60）
表 3.24　Clara 的词汇总量和上位层次词汇的相关性分析 ……（61）
表 3.25　Clara 的词汇总量和基本层次词汇的相关性分析 ……（61）
表 3.26　Clara 的词汇总量和下位层次词汇的相关性分析 ……（61）
表 3.27　Pauline 的词汇总量和上位层次词汇的相关性分析 ……（62）
表 3.28　Pauline 的词汇总量和基本层次词汇的相关性分析 ……（62）
表 3.29　Pauline 的词汇总量和下位层次词汇的相关性分析 ……（63）
表 3.30　Madeleine 的词汇总量和上位层次词汇的相关性分析 ……（63）
表 3.31　Madeleine 的词汇总量和基本层次词汇的相关性分析 ……（64）

| 表 3.32 | Madeleine 的词汇总量和下位层次词汇的相关性分析 | (64) |
| --- | --- | --- |
| 表 3.33 | Camille 的词汇总量和上位层次词汇的相关性分析 | (65) |
| 表 3.34 | Camille 的词汇总量和基本层次词汇的相关性分析 | (65) |
| 表 3.35 | Camille 的词汇总量和下位层次词汇的相关性分析 | (66) |
| 表 3.36 | 5 名法语儿童受试范畴层次词语的卡方值检验 | (67) |
| 表 3.37 | 5 名日语儿童受试词汇总量的发展 | (73) |
| 表 3.38 | 5 名日语儿童受试各范畴层次词汇的发展 | (74) |
| 表 3.39 | Ryo 的词汇总量和上位层次词汇的相关性分析 | (74) |
| 表 3.40 | Ryo 的词汇总量和基本层次词汇的相关性分析 | (75) |
| 表 3.41 | Ryo 的词汇总量和下位层次词汇的相关性分析 | (75) |
| 表 3.42 | Aki 的词汇总量和上位层次词汇的相关性分析 | (76) |
| 表 3.43 | Aki 的词汇总量和基本层次词汇的相关性分析 | (76) |
| 表 3.44 | Aki 的词汇总量和下位层次词汇的相关性分析 | (77) |
| 表 3.45 | Hiromi 的词汇总量和上位层次词汇的相关性分析 | (77) |
| 表 3.46 | Hiromi 的词汇总量和基本层次词汇的相关性分析 | (78) |
| 表 3.47 | Hiromi 的词汇总量和下位层次词汇的相关性分析 | (78) |
| 表 3.48 | Tekaru 的词汇总量和上位层次词汇的相关性分析 | (79) |
| 表 3.49 | Tekaru 的词汇总量和基本层次词汇的相关性分析 | (79) |
| 表 3.50 | Tekaru 的词汇总量和下位层次词汇的相关性分析 | (80) |
| 表 3.51 | Noji 的词汇总量和上位层次词汇的相关性分析 | (80) |
| 表 3.52 | Noji 的词汇总量和基本层次词汇的相关性分析 | (81) |
| 表 3.53 | Noji 的词汇总量和下位层次词汇的相关性分析 | (81) |
| 表 3.54 | 5 名日语儿童受试范畴层次词语的卡方值检验 | (82) |
| 表 4.1 | 汉语儿童词汇总量及平均话语长度 | (92) |
| 表 4.2 | 汉语语料数据三种范畴层次词汇的数量和分布 | (93) |
| 表 4.3 | 汉语语料数据 SPSS 分析结果 | (95) |
| 表 4.4 | 汉语儿童词汇能力发展与上位层次词汇能力发展 | (97) |
| 表 4.5 | 汉语儿童上位层次词汇发展与词汇总量发展的相关性分析 | (97) |

表 4.6　汉语儿童上位层次词汇发展与 MLU 发展的相关性
　　　　分析 ………………………………………………………（98）
表 4.7　汉语儿童词汇能力发展与基本层次词汇能力发展 ……（98）
表 4.8　汉语儿童基本层次词汇发展与词汇总量发展的相关性
　　　　分析 ………………………………………………………（99）
表 4.9　汉语儿童基本层次词汇发展与 MLU 发展的相关性
　　　　分析 ………………………………………………………（99）
表 4.10　汉语儿童词汇能力发展与下位层次词汇能力
　　　　 发展 ……………………………………………………（100）
表 4.11　汉语儿童下位层次词汇发展与词汇总量发展的
　　　　 相关性分析 ……………………………………………（100）
表 4.12　汉语儿童下位层次词汇发展与 MLU 发展的相关性
　　　　 分析 ……………………………………………………（101）
表 4.13　法语儿童词汇总量及平均话语长度 …………………（102）
表 4.14　法语语料数据三种范畴层次词汇的数量和分布 ……（103）
表 4.15　法语语料库 SPSS 分析结果 …………………………（105）
表 4.16　法语儿童词汇能力发展与上位范畴层次词汇能力
　　　　 发展 ……………………………………………………（106）
表 4.17　法语儿童上位层次词汇发展与词汇总量发展的
　　　　 相关性分析 ……………………………………………（106）
表 4.18　法语儿童上位层次词汇发展与 MLU 发展的相关性
　　　　 分析 ……………………………………………………（107）
表 4.19　法语儿童词汇能力发展与基本范畴层次词汇能力
　　　　 发展 ……………………………………………………（108）
表 4.20　法语儿童基本层次词汇发展与词汇总量发展的
　　　　 相关性分析 ……………………………………………（108）
表 4.21　法语儿童基本层次词汇发展与 MLU 发展的相关性
　　　　 分析 ……………………………………………………（109）
表 4.22　法语儿童词汇能力发展与下位范畴层次词汇能力

| | | |
|---|---|---|
| | 发展 ……………………………………………… | (109) |
| 表 4.23 | 法语儿童下位层次词汇发展与词汇总量发展的相关性分析 ………………………………………… | (109) |
| 表 4.24 | 法语儿童下位层次词汇发展与 MLU 发展的相关性分析 ……………………………………………… | (110) |
| 表 4.25 | 日语儿童词汇总量及平均话语长度 ……………… | (111) |
| 表 4.26 | 日语语料数据三种范畴层次词汇的数量和分布 … | (112) |
| 表 4.27 | 日语语料数据 SPSS 分析结果 …………………… | (113) |
| 表 4.28 | 日语儿童词汇能力发展与上位范畴层次词汇能力发展 ……………………………………………… | (115) |
| 表 4.29 | 日语儿童上位层次词汇发展与词汇总量发展的相关性分析 ………………………………………… | (115) |
| 表 4.30 | 日语儿童上位层次词汇发展与 MLU 发展的相关性分析 ……………………………………………… | (115) |
| 表 4.31 | 日语儿童词汇能力发展与基本范畴层次词汇能力发展 ……………………………………………… | (116) |
| 表 4.32 | 日语儿童基本层次词汇发展与词汇总量发展的相关性分析 ………………………………………… | (116) |
| 表 4.33 | 日语儿童基本层次词汇发展与 MLU 发展的相关性分析 ……………………………………………… | (117) |
| 表 4.34 | 日语儿童词汇能力发展与下位范畴层次词汇能力发展 ……………………………………………… | (118) |
| 表 4.35 | 日语儿童下位层次词汇发展与词汇总量发展的相关性分析 ………………………………………… | (118) |
| 表 4.36 | 日语儿童下位层次词汇发展与 MLU 发展的相关性分析 ……………………………………………… | (118) |
| 表 5.1 | 不同年龄段汉语儿童早期词汇发展及早期范畴词汇发展 ……………………………………………… | (123) |
| 表 5.2 | 汉语儿童理解和产出不同范畴层次词汇的人数 … | (124) |

表 5.3　不同年龄段汉语儿童对于范畴层次词汇的理解和
　　　　产出的正确比率 ·················································· (125)
表 5.4　成人反应时和正确率统计 ······································· (128)
表 5.5　儿童反应时和正确率统计 ······································· (129)
表 5.6　年龄、刺激类型、范畴层次的交互 ·························· (130)
表 5.7　以反应时为因变量的三因素方差分析结果 ················ (131)
表 5.8　以正确率为因变量的三因素方差分析结果 ················ (131)
表 5.9　年龄、刺激类型、范畴层次两两交互 ······················· (132)
表 5.10　以反应时为因变量的双因素方差分析结果 ··············· (133)
表 5.11　以正确率为因变量的双因素方差分析结果 ··············· (133)
表 5.12　各年龄、刺激类型及范畴层次组的反应时和
　　　　正确率 ·············································································· (134)
表 5.13　以文字为刺激类型、成人的反应时为因变量的单因素
　　　　方差分析结果 ··································································· (135)
表 5.14　以文字为刺激类型、成人的正确率为因变量的单因素
　　　　方差分析结果 ··································································· (135)
表 5.15　以图片为刺激类型、成人的反应时为因变量的单因素
　　　　方差分析结果 ··································································· (135)
表 5.16　以图片为刺激类型、成人的正确率为因变量的单因素
　　　　方差分析结果 ··································································· (136)
表 5.17　以文字为刺激类型、儿童的反应时为因变量的单因素
　　　　方差分析结果 ··································································· (136)
表 5.18　以文字为刺激类型、儿童的正确率为因变量的单因素
　　　　方差分析结果 ··································································· (137)
表 5.19　以图片为刺激类型、儿童的反应时为因变量的单因素
　　　　方差分析结果 ··································································· (137)
表 5.20　以图片为刺激类型、儿童的正确率为因变量的单因素
　　　　方差分析结果 ··································································· (137)
表 5.21　不同句子类型的反应时与正确率 ························· (144)

表 5.22　含基本层次动词中动句与含下位层次动词中动句反应
　　　　时的单因素方差分析 ………………………………………（145）

表 5.23　含基本层次动词中动句与含下位层次动词中动句正确率
　　　　的单因素方差分析 …………………………………………（145）

表 5.24　三种类型的句子所诱发的 N400 的平均峰值及标准差
　　　　（中线电极）…………………………………………………（146）

表 5.25　两种类型的句子所诱发的 N400 的平均峰值的单因素
　　　　方差分析（中线电极）………………………………………（150）

表 5.26　三种类型的句子所诱发的 N400 的平均峰值及标准差
　　　　（两侧电极）…………………………………………………（150）

表 5.27　两种类型的句子所诱发的 N400 的平均峰值的单因素
　　　　方差分析（两侧电极）………………………………………（151）

# 图 目 录

图 3.1　LSY 在 15—23 个月期间各类范畴层次词汇（类型）的发展 ……………………………………………………（52）

图 3.2　AJR 在 15—23 个月期间各类范畴层次词汇（类型）的发展 ……………………………………………………（52）

图 3.3　GZP 在 15—23 个月期间各类范畴层次词汇（类型）的发展 ……………………………………………………（53）

图 3.4　XWQ 在 15—23 个月期间各类范畴层次词汇（类型）的发展 ……………………………………………………（54）

图 3.5　YDZ 在 15—23 个月期间各类范畴层次词汇（类型）的发展 ……………………………………………………（55）

图 3.6　Theophile 在 15—23 个月期间各类范畴层次词汇（类型）的发展 ……………………………………………………（68）

图 3.7　Clara 在 15—23 个月期间各类范畴层次词汇（类型）的发展 ……………………………………………………（69）

图 3.8　Pauline 在 15—23 个月期间各类范畴层次词汇（类型）的发展 ……………………………………………………（70）

图 3.9　Madeleine 在 15—23 个月期间各类范畴层次词汇（类型）的发展 ……………………………………………………（71）

图 3.10　Camille 在 15—23 个月期间各类范畴层次词汇（类型）的发展 ……………………………………………………（72）

图 3.11　Ryo 在 15—23 个月期间各类范畴层次词汇（类型）的发展 ……………………………………………………（83）

图 3.12　Aki 在 16—24 个月期间各类范畴层次词汇（类型）
　　　　 的发展 ………………………………………………（84）

图 3.13　Hiromi 在 16—24 个月期间各类范畴层次词汇（类型）
　　　　 的发展 ………………………………………………（85）

图 3.14　Tekaru 在 16—24 个月期间各类范畴层次词汇（类型）
　　　　 的发展 ………………………………………………（86）

图 3.15　Noji 在 16—24 个月期间各类范畴层次词汇（类型）
　　　　 的发展 ………………………………………………（87）

图 4.1　汉语儿童范畴层次词汇的发展……………………（94）
图 4.2　法语儿童范畴层次词汇的发展……………………（104）
图 4.3　日语儿童范畴层次词汇的发展……………………（113）
图 5.1　大脑中线三种句子类型的脑电波形图……………（147）
图 5.2　大脑左侧三种句子类型的脑电波形图……………（148）
图 5.3　大脑右侧三种句子类型的脑电波形图……………（149）

# 第一章

# 前　　言

　　范畴能力（categorization capability）是人类所具有的一项重要能力。人们不仅通过单个事物来了解世界，而且也通过范畴来认知世界。从认知的经济性角度来看，范畴划分可以大大降低人类认知过程的复杂性，减少记忆负担，帮助人们有效地存储和检索信息。人类正是拥有了范畴划分的能力，才能对无限的客观世界进行认知，并将经验转化为知识，从而将复杂的生活简单化。在早期词汇的发展过程中，儿童同样利用范畴能力来帮助自己习得和扩充词汇。通过划分范畴，儿童开始学习如何对不同事物进行分类，并逐渐形成对事物的概念（曾涛、邹晚珍，2012）。本书希望通过个案跟踪研究、语料库分析，以及控制性实验，以探究汉语儿童早期词汇发展过程中各范畴层次词汇的发展情况，并通过比较与法语、日语儿童范畴分类能力发展的共性和差异，进而了解语言习得与概念发展之间的关系。

## 第一节　范畴划分

　　在传统的范畴划分中，每个范畴层次都被认为是平等的，即范畴内的成员地位均等，没有个别的显著性。事实上，范畴是由不同的抽象层次建构起来的（Murphy，2002）。Brown（1958）指出，范畴划分中存在一个特定的层次，这个层次拥有较其他层次更优越的地位，处于这个层次的事物往往名称较短且使用最频繁。Brown将这个层次命名为"第一层次"，后来被称为"基本层次"（Lakoff，1987）。

Rosch 等人（Rosch, Mervis, Gray, Johnson, & Boye-Braem, 1976）的研究发现，基本范畴层次具有实用性、具体性、最快被儿童习得，以及最容易进入语言使用者的心理词库等特点。他们继而又将范畴划分为三个层次，即上位范畴层次（即概念上内涵最抽象和广义的层次：如家具、动物等）、基本范畴层次（即概念上内涵最显著的层次：如椅子、狗等）和下位范畴层次（即概念上内涵最具体和狭义的层次：如摇椅、北京狗等）。

每个范畴的层次词汇均有自己的特征。其中，基本范畴层次拥有该范畴成员最共同的特征，与其他范畴成员相比，更具代表性、能产性和高频使用性（Brown, 1958; Wisniewski 和 Murphy, 1989; Jiang, 2000），且该范畴比上位和下位范畴层次更适应于范畴层级的改变（Archambault, Gosselin 和 Schyns, 2000）。人们日常生活中绝大部分的物体名称都是采用基本层次词汇命名（Berlin, 1992; Brown, 1958; Rosch et al., 1976; Tanaka 和 Taylor, 1991）。例如，基本范畴层次"椅子"很容易在使用者头脑中建构某一固定的意象，即它是一种坐具，通常有靠背和扶手。

与基本范畴层次相比，下位范畴层次更加具体，且范畴内成员的相似性更高，而它们与非本范畴成员的差异性更大（Rosch, 1978）。下位范畴层次包含的信息容量更大，属于该层次的词语通常是多语素词语，由修饰语和中心词两部分构成（Ungerer 和 Schmid, 1996）。例如，下位范畴层次词汇"摇椅"是指一种能前后摇晃的椅子，主要材质是藤条或者木头或者金属。

在三类范畴层次中，上位范畴层次具有最基本和最抽象的特征，因而较之基本和下位范畴层次缺少具体性这一特征（Mandler, 2008）。上位层次词汇通常是不可数名词，而基本和下位层次词汇通常是可数名词（Markman, 1985）。例如，上位范畴层次词汇"家具"是不可数名词，指家庭器具，包括坐具、卧具、炊事用具，等等。

## 第二节 范畴与非范畴理论

范畴化的概念从提出至今已有 2000 多年历史,它对人们的日常生活和学术活动均产生了深远的影响。从亚里士多德时代到维特根斯坦时期,即范畴的经典理论时期,范畴被当作无须置疑、必然存在的真理,范畴化是一个自然自动且无意识的认知过程(Lakoff,1987)。根据亚里士多德的观点,每个范畴就像一个容器,由一组具有共同特点、属性的事物组成,范畴的边缘是清晰的,同一范畴内的所有成员地位均等。20 世纪 50 年代,英国哲学家维特根斯坦对亚里士多德的理论进行了经典性批判,并提出了家族相似性理论(family resemblance)。他指出,在现实世界中,某些范畴之间的界限并不像亚里士多德所认为的那样清晰明确,范畴与范畴之间的界限具有模糊性,而范畴的建立则依赖于相似性而非共同性。

随着科学技术的发展以及实证研究的增多,范畴这一概念引起了越来越多研究者的注意,也成为多个领域的研究重点。例如,人类学家 Berlin(1969)、Kay(1969),心理学家 Brown(1958,1965)等都为范畴理论的发展做出了杰出贡献,但其中最为突出的贡献来自于 Eleanor Rosch(1976)。在她的影响下,范畴问题成为认知研究领域的中心议题,逐渐成为一门专业理论,获得了更为广泛的关注和讨论。关于范畴理论,主要有原型理论(Rosch et al.,1976)和非范畴化理论(Hopper 和 Thompson,1984;刘正光,2006)等。

### 一 原型范畴化理论

维特根斯坦的"家族相似性"概念提出后,哲学界、心理学界、语言学界等各界学者都纷纷开始对经典范畴理论进行反思,并进行了多项试验研究。这些研究结果表明,维特根斯坦的"家族相似性"原理在自然范畴中具有广泛的适用性,同时,在范畴化的过程中起关键作用的是"原型"。

关于原型的研究源于 Berlin 和 Kay（1969）。他们开展了一项关于颜色范畴的研究，并发现，不同语言都有其基本的范畴颜色等级（basic colors），而每个颜色范畴中又有其最具代表性的颜色（most typical example），人们正是根据这些定位参照点系统，即焦点色（focal colors）对颜色连续体进行切分和范畴化。

在 Berlin 和 Kay（1969）的研究基础上，Rosch（1973，1975，1976）等通过反应、产出、排序测试等手段，证明了"原型效应"的存在，即在每个范畴内，都有一个最佳成员或典型代表。与同属一个范畴的其他成员相比，原型拥有该范畴内更多的共同特征，具有认知上的"凸显性"（salience），而其他成员则具有不同程度的典型性，且范畴内的成员间具有等级性，范畴的边缘是模糊的。总的来说，Rosch 等的贡献主要体现在以下两点：一是系统性地阐明了在范畴内部成员地位的等级性，以及范畴与范畴之间的纵向不平等性；二是创造性地建立了有关心理认知的信息加工模型。Rosch 等将过去关于范畴的基本问题和研究普遍化、理论化，形成了系统的基本范畴和原型理论，使关于范畴的研究成为一门真正的科学。

原型理论认为范畴是一个由原型和边缘组成的结构，原型是该范畴的典型成员，边缘是由该范畴中的非典型成员构成的。根据该理论，范畴之间的界限是模糊的，即便是界限区分明显的范畴也存在"特别成员"，它们与该范畴的典型成员仍然存在或多或少的差异。也就是说，每个范畴的成员与典型成员相比呈等级排列，有的是该范畴较好的成员，而有的则为较差的成员。比如，对于"家具"这一范畴而言，"椅子"就比"长椅"更具典型性。从认知方法上来看，原型理论认为范畴化是一个从特殊到一般的追求共性的过程，也就是说，范畴划分通常是一个从具体到抽象的认知过程，儿童早期占主导的范畴是基本范畴层次和下位范畴层次。

## 二 非范畴理论

基于动词与名词的动态变化视角，Hopper 和 Thompson（1984）

首次提出了非范畴化理论，他们认为非范畴化认知过程是指在一定条件下范畴成员逐渐失去范畴特征的过程。刘正光（2006）进一步指出，与静态的范畴化过程相比，非范畴化是一个动态变化的过程。非范畴化理论强调范畴成员之间没有明显的界限，每个范畴都有典型和非典型的成员。与典型成员相比，非典型成员可能丧失了典型成员的某些特征，或者非典型成员的范畴特征发生了转移以及获得了新的范畴特征。总之，非范畴化的过程是语言创新与发展的一种认知过程。范畴化与非范畴化的认知过程往往交织在一起，即认知的完整过程不仅包括一个从特殊到一般的过程，还应当包括一个从一般到特殊的追求个性的过程。因此，范畴划分同时也是一个从抽象到具体的认知过程，儿童也可能较早习得上位范畴层次。

## 第三节 基本范畴词汇

关于基本范畴层次词汇的研究很多，它们被认为是最容易进入语言使用者的心理词库的词汇（Rosch 和 Mervis，1975；Rosch et al.，1976；Jiang，2000；McDonough，2002；Taylor，2003）。如果考虑输入所发挥的作用，基本层次词汇是否一定为儿童最早习得的词汇这一问题尚有争议。如果考虑到理解层面，基本层次词汇在儿童的早期词汇中儿童是否一开始便占据绝对优势也尚无明确定论（Rosch et al.，1976；Mervis 和 Crisafi，1982；Clark，1993）。此外，儿童与成人对基本层次词汇的界定可能有差异，同时对基本层次词汇的认定可能会受到目标语形态结构的影响。对基本层次词汇的研究有助于人们了解词汇习得与概念发展之间的关系。本节对以往的基本层次词汇的研究做了全面的回顾，具体涉及以下内容：（1）基本层次词汇的特征；（2）对基本层次词汇最早习得的争议；（3）影响范畴能力习得先后顺序的原因；（4）有关汉语儿童习得基本层次词汇的研究。

## 一 基本层次词语的特征

Brown（1965）认为儿童在学习物体范畴和名称时往往存在一个优先层次的词汇，即基本层次词语。该层次既非最一般又非最具体的层次。该层次特征明显，处于这个层次的事物往往名称较短且使用最频繁。他把基本范畴层次当作最自然的层次，而上位和下位范畴层次则是衍生出来的层次。

Rosch 和 Mervis（1975）报告了范畴结构的系列研究，这些研究采用三类不同的范畴：上位语义词如家具，基本层次词如椅子，以及由字母串构成的范畴。他们发现，一个名称如果越与该范畴的原型接近，那么它与该范畴成员的共性则越多，与该范畴外的其他成员的共性则越少。范畴中的原型与基本范畴层次遵循的原则相近，最大地体现了范畴成员的共性和特征。Rosch et al.（1976）认为基本范畴层次具有实用性、具体性、最快被儿童习得以及最容易进入语言使用者的心理词库等特点。

依据 Rosch et al.（1976）的研究，Lakoff（1987）进一步将基本层次词汇的主要特征概述如下：

感知（Perception）：整体被感知的形状；单个意象；快速识别。

功能（Function）：一般原动性生物程序。

沟通（Communication）：最短，最常用和在语境中是最自然的词语，最先为孩子们学习，最先进入词典的词语。

知识组织（Knowledge Organization）：范畴成员的大多数特征被储存在这一层次。

（Lakoff，1987：47）

## 二 基本层次词语最早习得的争论

当人们逐步获得对世界的认知知识时，上位、基本和下位层次词汇构成了最基本的要素。在这三类范畴层次词汇中，基本层次词汇最具有心理现实性也最符合人们的基本认知需求。然而，基本层次词汇是否一定被儿童最早习得还存在争议。一些研究者认为基本层次词汇是儿童最早习得和最频繁使用的词汇（Rosch et al. 1976；Macnamara，1982；Jiang，2000）。如果考虑到输入的作用，受语言输入的影响，基本范畴层次未必在儿童词汇习得早期占绝对优势（Mervis 和 Crisafi，1982；Clark，1993）。

为了测试儿童最早习得的词汇是否是基本层次的物体名词，Rosch 等人（1976）对 Brown（1973）研究中的受试 Sarah 的所有自然语料进行了详细分析，包括每个星期对 Sarah 进行的两个小时的早期语言的记录。Rosch 和她的同事发现，Sarah 的早期词汇均是由基本层次词汇组成的。他们通过进一步的实验，检测了儿童是否均从基本层次词汇开始习得早期词汇，再随着范畴的细化和拓展继而习得上位和下位层次词汇。研究结果显示，当某些语言，如 ASL（美国手势语）中的分类程度减少到某些领域时，儿童还是会习得基本层次词汇而略去上位和下位层次词汇。基于这些实验，Rosch 等人（1976）认为基本层次词汇具有自己的特质，属于最易习得的词汇，也是人类范畴中最自然的形式。基本范畴层次词汇是感知上最容易划分的词汇，也是任何人生活中最必需的词汇，将为儿童最先习得和命名。

Mervis 和 Crisafi（1982）认为儿童产出基本层次词汇的能力应该会受成人语言输入的影响。他们针对母亲语言对幼儿的影响进行了一项研究，着重考察了母亲对物体名词的选择。以往的研究者认为，成人不管儿童年龄的大小都采用基本范畴层次词汇来指代物体名称。他们假设由于儿童对物体的知识及其文化的内涵的认识还很有限，儿童和成人对基本层次词汇的理解应该有差异。为了检测这个假设，他们观察了 10 对母亲与 13 个月大的幼儿玩特定玩具时的场景。对命名物体名称的研究结果表明，母亲们通常习惯采用 13 个月大儿童的基本层次词汇而非成人意义的基本层次词汇。

### 三 范畴能力习得先后顺序的原因

影响范畴能力习得先后顺序的原因主要有两种：范畴间的差异程度（Mervis& Crisafi, 1982）以及将范畴层次划分的难度（Callanan, 1985）。Mervis 和 Crisafi（1982）认为，范畴间的差异程度是决定习得顺序的可能因素。他们通过实验测试了儿童对不同范畴层级的分类能力。第一个实验用来测试范畴分类能力习得所遵循的顺序假设：基本层次、上位层次和下位层次。研究人员要求儿童识别出两个处于不同范畴层级的无意义的刺激物，结果支持了该研究提出的假设。第二、三个实验探索习得顺序的原因：范畴在某个层次区分性越大，儿童则越早习得该范畴层次的词汇。为了验证区分性的程度，受试对第一个实验中的刺激物进行同样的判断，由于实验任务的复杂性，成人而非儿童参与了本研究。结果显示，区分程度的顺序与习得顺序相匹配。

Callanan（1985）认为儿童容易习得基本范畴层次词汇，但对范畴的层级分类还有一定的困难。父母可能给儿童提供不同层次词汇的信息，从而影响他们对不同范畴词汇的习得。成人可能在儿童面前特意使用基本层次词汇来命名物体名称，他们通过不使用上位和下位层次词汇来强化儿童对基本层次词汇的认识。当然，这一情况还可以用儿童对范畴的熟悉度来解释。儿童对基本层次词汇最熟悉，正是这个原因父母们才会更频繁地使用它们。Callanan 做了两个实验，实验中母亲们通过给2—4岁孩子呈现不同熟悉度的图片，教孩子不同的范畴概念。实验结果印证了这种强化效果。当讲授上位层次词汇时，母亲们不顾儿童对图片中基本层次词汇的熟悉程度，往往选择基本层次词汇。然而，在教下位层次词汇时，她们却不这么做。另外，母亲给儿童讲授上位范畴层次词汇通常与她们讲授下位或基本层次词汇的方式不一样。上位层次词汇一般与一系列的物体有关，也只有在教上位层次范畴词汇时才会罗列出该范畴所包含的物体。Callanan（1985）得出的结论是只有通过明确的命名才能习得基本和下位范畴层次词汇，但儿童在习得上位范畴层次词汇时往往不需要额外的信息。从这个意义上来说，基本和下位层次词汇比上位层次词汇要更早被习得。

## 四 汉语儿童习得基本层次词语的研究

到目前为止，汉语儿童基本层次词汇习得方面的研究屈指可数，Jiang（2000）报告了汉语儿童基本层次词汇使用的情况；Gao（2001）探讨了汉语儿童习得身体动作动词的情况；Hsiao&Hsieh（2008）探究了关于3岁儿童上位层次词汇和基本层次词汇的相互作用。

Jiang（2000）对汉语儿童习得基本层次词汇的情况进行了深入研究。研究发现，在11—24个月大的儿童的早期词汇中，基本层次词汇占据了总词汇量的70%，并涉及16个概念范围；其次是下位层次词汇，占27%；最后是上位层次词汇，只占习得词语的3%。这些基本层次词汇通常是出现频率很高的日常生活用语，如动物词语、食物词语、玩具词语和交通工具词语。此外，与上位和下位层次词汇相比，基本层次词汇在习得顺序、能产性和使用频率上都具有一定的优势性。

Gao（2001）认为，儿童在身体动作动词的习得上也是先习得基本层次词汇。她对1—5岁期间的汉语、瑞典语和英语儿童习得身体动作动词的情况作了比较研究。她的研究表明，身体动作动词的习得顺序与动词指代的语义范畴的简单性及原型性有关。也就是说，一个动词如果不是多义词，或者即使是多义动词但通常只取其基本意义，那么这样的动词更容易在儿童的早期词汇中产出。

Hsiao和Hsieh（2008）通过图片命名的实证研究考查了5名3岁儿童对上位和基本层次词汇的感知认识状况。研究发现，上位和基本范畴层次词汇的发展并不同步。即便儿童能够命名基本层次词汇，他们仍旧将基本层次词汇当作下位层次词汇。另外，儿童主要靠物体的颜色、形状和运动来发展他们的范畴分类能力。

总之，以往的研究证明基本层次词汇在儿童早期词汇中占据主导地位。然而，这些研究并没有区分儿童和成人对基本范畴的不同界定，也没能考虑基本层次词汇可能因语言形态结构的不同而存在差异。事实上，成人和儿童对基本层次词汇的理解可能存在差异，基本层次词汇也会因目标语语言的概念系统和形态结构的不同而有所不同。例如，不同语言对层级结构的表达不一样。在英语中，词语像bicycle（自行车）、bus（公共汽车）、car（小轿车）和truck（卡车）都代表基本层次范畴，而在汉语中词语"汽车"是衍生自更高层次词"车"的复合词（Tai，2002）。另外，到目前为止，只有一个研究（Jiang，2000）报告了汉语儿童基本层次词汇使用的情况。另外，在Jiang（2000）对汉语儿童基本层次词汇使用情况的报告中，采用了成人的标准来对儿童基本层次词汇进行判断，也没有涉及儿童在两岁前基本层次词汇的发展，因此实验结果依然存在争议。

## 第四节 早期范畴层次的发展：两种观点

许多研究证实了儿童最先习得基本范畴层次词汇，继而习得下位和上位范畴层次词汇。Rosch等人（1976）考察了3—10岁儿童对基本范畴层次词汇的习得情况。他们发现基本层次词汇在儿童的早期词汇中占据绝大多数，3岁小孩已经完全掌握了基本范畴层次词汇，而上位范畴层次词汇则较晚才能习得。Jiang（2000）通过研究和分析语料库数据，报告了汉语儿童基本层次词汇产出的情况。她发现11—24个月的儿童，基本层次词汇占他们词汇总量的70%，下位层次词汇占27%，上位层次词汇仅占3%。儿童在11个月大时就出现了基本层次词汇，到15个月时才出现下位层次词汇，之后才出现上位层次词汇。

另外一些学者对基本范畴层次词汇优先习得的观点提出了质疑，他们认为儿童早期范畴的发展顺序是从泛化层次到基本层次，即上位范畴层次词汇才是最早进入儿童心理词库的词汇。Younger和Fearing（2000）发现3—7个月大的婴儿趋向于形成更概括的范畴，而 10 个月大的婴儿则可以形成对基本范畴层次词汇的概念，范畴的发展轨迹是从概括到具体。Quinn（2002）的研究发现，3—4 个月的受试还没有形成下位范畴层次的表征，而 6—7 个月的受试则形成了下位范畴层次的表征。他进一步推断，儿童早期范畴的发展顺序是从上位范畴层次到基本范畴层次再到下位范畴层次。Mandler（2008）也认为，儿童早期的概念是概括和抽象的上位层次概念，而非基本层次概念。

## 第五节　研究现状简评

前人的研究对我们从总体上理解儿童范畴分类能力的发展有很大的帮助，但仍然存在以下不足。

（1）没有充分考虑语言输入、语言理解等因素对各范畴层次词语习得次序的影响，如果考虑到理解层面，儿童是否一开始就是基本层次词汇占据绝对优势也尚无明确定论。

（2）两种关于儿童早期范畴层次发展的观点归因于不同的研究方法和实验对象。认为基本层次最先习得的研究，通常选取两岁以上的受试儿童，偏重语言产出。认为上位层次最先发展的研究，往往测试的是语言能力尚未完全发展的 1 岁前的儿童，侧重语言理解。而如何从产出和理解两个层面来考察儿童范畴分类能力的发展；如何采用更多的研究范式，比如采用个案研究、语料库研究和控制实验相互对比和补充的方式，前人的研究远远没有回答。

（3）在汉语儿童母语习得研究领域，只有 Jiang（2000）详细报告了普通话儿童基本层次词汇的习得情况。然而，她的研究局限在儿童基本层次词汇的产出上，并不涉及儿童对基本层次词汇的理解以及不同年龄段的儿童范畴分类能力发展的具体情况。此外，如何从跨语言的角度出发，对比分析不同语言环境下儿童范畴层次发展的异同，以往的研究也很少全面涉猎。

## 第六节　研究内容和创新之处

本研究以原型理论和非范畴化理论为理论基础，通过个案跟踪研究、语料库数据分析以及控制性实验数据分析等多种研究方法来考察以下五项内容。

（1）汉语儿童使用的普通名词中各类范畴层次词汇的分布比例；
（2）汉语儿童在产出和理解两个层面各类范畴层次词汇的习得顺序；
（3）探究儿童范畴分类能力发展与儿童语言发展之间的关系；
（4）对比分析汉语、日语、法语儿童范畴分类能力发展的异同；
（5）探讨儿童范畴分类能力发展的统一理论分析模型。

相比于以往的研究，本研究的创新之处在于本研究对儿童早期概念的发展情况提供了全面分析，是迄今为止首个系统描述汉语儿童早期范畴分类能力发展的研究；并且首次从汉语、法语和日语这一跨语言的角度，探索了儿童范畴化与非范畴化的认知过程及其交互作用的情况；从方法论的角度来说，本研究澄清了一些影响儿童母语习得研究的问题，如对"基本层次词汇"给出了可行的定义等。

## 第七节　本研究的意义

本研究采用个案跟踪研究、语料库数据分析以及控制性实验等多种研究范式，从跨语言的角度进一步对比分析了汉语、日语、法语儿童范畴分类能力发展的异同，这将大大丰富现有研究，加深人们对语言习得与概念发展之间关系的认识。

本研究的意义具体体现在以下五个方面。

（1）通过研究汉语、法语和日语儿童早期范畴层次词汇的发展，深化人们对概念发展与语言习得之间的关系的认识，从而更好地发掘人类认知的共同特征；

（2）通过对汉语、法语和日语儿童早期范畴层次发展的系统描述，检验儿童早期词汇发展过程中的基本层次效应以及原型理论和非范畴化理论对儿童范畴分类能力发展的解释力；

（3）探索儿童范畴化与非范畴化的认知过程及其交互作用的情况，丰富现有的范畴理论；

（4）呈现儿童范畴分类能力发展的全貌，有助于对儿童语言习得的情况做出更加标准的评估，同时对语言病理学研究也有一定的借鉴作用；

（5）深化人们对儿童早期概念语义发展的理解，对儿童的早期词汇教学、对外汉语教学以及词典编撰均具有一定的指导意义。

# 第二章

# 研究方法

　　本章从个案跟踪研究、语料库数据以及控制实验三个方面探讨汉语、法语和日语儿童范畴层次的发展。个案跟踪和语料库数据主要是从语言产出层面上来考察儿童的早期名词发展中各类范畴层次词汇，特别是基本范畴层次词汇的发展情况。其中个案研究是针对每种不同语言分别选取 5 名受试，收集他们在 18—24 个月期间的跟踪语料，而语料库数据是从 CHILDES（儿童语言交换系统）中分别提取了三种语言所对应的 110 名儿童 14—72 个月（共 11 个年龄组）的语料，每两个年龄组的年龄间隔大约是 6 个月。控制实验主要通过图片分类和命名测试、语义在线加工测试以及 ERP 脑电测试三种形式来实施：图片分类和命名测试分别从儿童的理解和产出两方面，探索了 90 名 3—5 岁汉语儿童对各类范畴层次词汇的理解和产出情况；语义加工测试以反应时和正确率为因变量，研究了 30 名汉语成人和 30 名汉语儿童对不同范畴层次词语进行语义加工的情况；ERP 脑电测试则采用 E-prime 2.0 和 Curry 7 软件分别收集了 18 名大学生对汉语中动句理解的行为数据和脑电数据，从而探讨不同范畴层次的动词（基本范畴层次、下位范畴层次）对汉语中动句语义加工的影响情况。

## 第一节　个案跟踪研究

### 一　汉语个案跟踪研究

（一）受试

　　本研究的语料主要收集了 5 名长沙儿童 LSY（男）、AJR（女）、

GZP（男）、XWQ（女）、YDZ（男）在 1—2 岁期间语言发展的情况，其中 LSY 和 AJR 的语料来自 HNCELA①，而另外 3 名小孩的语料来自汪朋老师收集的语料库②。5 名儿童都是各自家中唯一的孩子，在南方城市长沙长大，并将汉语作为母语习得。

（二）长期语料的收集

本研究的语料来自 HNCELA。两名小孩的语料分别由两位受过专门训练的语言习得研究方向的女硕士生来收集，且她们已经非常熟悉受试小孩及其家人。语料采集密度为每星期一次，每次持续时间约为一小时。儿童语料收集的活动一般在室内进行，主要形式包括读故事书、画画、唱歌、跳舞、吃东西、玩游戏等。与此同时，在观察期间对受试儿童的主要监护人（如父母）的语言使用情况也做同步的记录。对受试儿童进行录音和摄像采集的年龄跨度为 9—24 个月（见表 2.1）。

表 2.1　　　　　　　　汉语儿童基本信息

| 受试 | LSY | AJR | GZP | XWQ | YDZ |
| --- | --- | --- | --- | --- | --- |
| 出生年月 | 2002年2月7日 | 2002年5月4日 | 2008年7月4日 | 2008年3月27日 | 2008年3月25日 |
| 父母职业 | 母亲：教师，HNCELA项目成员 父亲：银行职员 | 母亲：护士 父亲：教师，HNCELA项目成员 | 母亲：教师 父亲：教师 | 母亲：公司职员 父亲：公司职员 | 母亲：教师 父亲：教师 |
| 监护人 | 爷爷奶奶、外公外婆；父母 | 爷爷奶奶、父母 | 保姆；父母 | 爷爷奶奶；父母 | 外婆；父母 |
| 语言输入 | 长沙普通话、湘方言 | 长沙普通话、湘方言和少量的英语（父亲偶尔教） | 长沙普通话、湘方言 | 长沙普通话、湘方言 | 长沙普通话、湘方言 |

① HNCELA 属于湖南大学认知科学研究所李行德教授和宁春岩教授领导下的"中国早期儿童语言发展（CELA）"研究项目的一部分。该项目获得香港 CERG 资助（项目编号为 CityU 1245/02H）。

② 汪朋老师主持下的"从辅音对立获得看汉语儿童早期音系语法构建"研究共收集了 3 名长沙儿童早期语言发展的语料，这里我们选用并整理这 3 名受试两岁前的语料，在此感谢汪朋及相关语料采集人员。

续表

| 受试 | LSY | AJR | GZP | XWQ | YDZ |
|---|---|---|---|---|---|
| 调查者 | 一到两名语言学专业的研究生，及LSY的母亲 | 一到两名语言学专业的研究生，及AJR的父亲 | 一到两名语言学专业的研究生，及GZP的母亲 | 一到两名语言学专业的研究生，及XWQ的保姆 | 一到两名语言学专业的研究生，及YDZ的母亲 |
| 自然环境 | 小孩的活动一般在室内进行，包括读故事书、画画、唱歌、跳舞、吃东西、玩游戏等 ||||||

（三）设备和软件

分别使用型号为 Sony DCR-PC120E 的摄像机和型号为 Sony Stereo Cassette-Corder TCS-100DV 的录音机进行视频和音频的采集和记录，采用 Cool Edit 2000 和 Ulead Video Studio 7 两个软件处理声音和图像。

（四）数据转写

每个场景的文本都由参与该研究的研究人员转写。所有的音像记录都按文本的人类语言分析（CHAT）和（CHILDES）（MacWhinney, 2000）的标准做出了详细的文字转录（转写范例，见附录1）。转写的主要依据为录音，录像仅为转写中的场景描述提供补充材料。完成一个文本的转写后，为保障其转写质量，将另安排一到两名研究人员进行检查和校对。本研究的语料来自于这5名受试儿童两周岁前所使用词汇的发展情况。

（五）数据提取

5名受试儿童采集语料的起点时间并不完全一样，故与GZP、XWQ和YDZ这3名儿童相比，受试LSY和AJR在两岁前的词汇发展数据收集更完整（表2.2）。

表 2.2　　　　　　汉语儿童语料采集时间段

| 受试 | 数据提取时间段 |
|---|---|
| LSY | 9个月—23个月 |
| AJR | 9个月—23个月 |

续表

| 受试 | 数据提取时间段 |
| --- | --- |
| GZP | 14个月—24个月 |
| XWQ | 18个月—24个月 |
| YDZ | 18个月—24个月 |

(六) 基本层次词汇的定义

为了探究儿童基本层次词汇的发展及其受成人语言输入的影响程度，在数据采集期间，本研究对成人和儿童基本层次词语的使用情况均作了详细跟踪与描述。对成人和儿童基本层次词汇这一定义主要参照了 Taylor（1995），Lyons（1995），Bussmann（1996），Richards，Platt 和 Schmidt（2002）所提出的观点。这些学者对基本层次名词的界定主要是从英语的角度进行的，他们认为基本层次名词主要体现了使用者概念里的一个完整的感知形态（gestalt perception）或丰富的心理意象。由于英语文字和语法意义上的最小单位往往是"词"，而汉语是"字"，因此本研究认为对基本层次词汇的认定还需要考虑目标语的形态结构。汉语儿童母语习得的研究中，只有 Jiang（2000）基于能产性（productivity）和语料库数据的高频率，采用成人的标准对儿童的基本层次词汇作了可行的定义。由于本研究的两名受试的年龄均在两岁前，与 Jiang（2000）不同，我们认为此时成人和儿童对基本层次词汇的定位可能存有一定的差异。例如，jidan（鸡蛋）一词对成人来说不是基本层次词汇，因为还有其他诸如 yadan（鸭蛋）或 edan（鹅蛋）的词汇。然而，在儿童的概念中，jidan（鸡蛋）对应于一个完整的感知形态，如果儿童没有说出以 dan（蛋）为中心名词的其他词汇，如 yadan（鸭蛋）等，那么我们完全可以认为对儿童而言，jidan 鸡蛋是基本层次词汇。正是基于以上这些考虑，在个案跟踪研究中，我们不仅考虑汉语词汇的形态特点，还将考虑儿童与成人对基本层次词汇理解的差异，对儿童和成人的基本层次词汇分别给出具体的可操作的定义。

*儿童基本层次词汇的定义*

（1）基本层次名词体现的是使用者概念里的一个完整的感知或功能形态。例如，基本层次词汇 qiu（球）指称一种圆形的物体，通常在游戏或比赛中使用，如网球、篮球、足球等。

（2）基本层次名词应该不是向心结构，即词语的中心词与该词本身不应当属于同一语义类型。例如，在名词 zhima bing（芝麻饼）中，该词与中心词 bing（饼）都属于食物这一语义范畴，由于该语言表达包含向心结构，故不能归为基本层次词汇。

（3）当一个词语满足条件（1）而未达到条件（2）时（即属于合成词），而且儿童的词汇中也没有出现另外一个对照词语来指称该词语类别，那么该词仍被认定作基本层次词汇。例如，AJR 在 1 岁 7 个月说出的词语 weijin（围巾），如果 AJR 此时并未使用诸如 maojin（毛巾）之类的词语，那么（围巾）一词即被认定为基本层次词汇。

（4）当一个词语满足条件（1）和条件（2），且拥有一个在成人语言中可以被分析成基本层次词汇的上位层次词汇：如果该词语的上位层次词汇还未出现，那么该词语被认定为基本层次词汇；反之，则不被当作基本层次词汇。例如，kuzi（裤子）（1 岁 6 个月）一词被看作 LSY 的基本层次词汇，如果他之前从未说出 yifu（衣服）之类的上位层次词汇，但是当 LSY 在 1 岁 7 个月说出 yifu（衣服）一词，而该词在成人语言中可以当作基本层次词语，那么他在 1 岁 10 个月说出的词语 kuzi（裤子）就不再被视为基本层次词汇，而是下位层次词汇。

*成人基本层次词汇的定义*

对于成人，基本层次词汇必须全部满足以下三个标准，其中前两个标准与儿童基本层次词汇所定义的前两个标准完全一致。

（1）基本层次名词体现使用者概念里的一个完整的感知或功能形态。

（2）基本层次名词应该不是向心结构，即该词语的中心词与该词语本身不应当属于同一语义类型。

（3）基本层次名词没有一个既满足条件（1）又满足条件（2）

的上位层次词汇。例如，zidian"字典"不会被认定为基本层次词汇，如果它的上位层次词 shu（书）已经满足了条件（1）和条件（2）。

## 二 法语个案跟踪研究

### （一）受试

本研究的语料来自 5 名法国儿童 Theophile（男）、Clara（女）、Pauline（女）、Madeleine（女）、Camille（女）在 1—2 岁期间语言发展的情况，他们的语料均来自 CHILDES 语料库。5 名小孩均在法国长大，并且都以法语为母语。

### （二）长期语料的收集

本研究的语料来自 CHILDES 语料库。5 名小孩的语料分别由受过专门训练的且已经非常熟悉受试儿童及其家人的研究者收集。儿童的活动一般在室内进行，包括读故事书、唱歌、跳舞、玩游戏等。同时，对受试儿童的主要监护人（如父母）的语言使用情况也将作同步的记录。对儿童进行录音和摄像年龄跨度为 15—23 个月（见表 2.3）。

表 2.3  法语儿童基本信息

| 受试 | Theophile | Clara | Pauline | Madeleine | Camille |
| --- | --- | --- | --- | --- | --- |
| 出生年月 | 2003 年 4 月 8 日 | 2005 年 4 月 6 日 | 2007 年 5 月 9 日 | 2008 年 3 月 27 日 | 2007 年 3 月 25 日 |
| 父母职业 | 中产阶级 | 中产阶级 | 中产阶级 | 中产阶级 | 中产阶级 |
| 监护人 | 父母 | 父母 | 父母 | 父母 | 父母 |
| 语言输入 | 法语和少量英语 | 法语 | 法语 | 法语 | 法语 |
| 调查者 | 研究者 | 研究者 | 研究者 | 研究者 | 研究者 |
| 自然环境 | 小孩的活动一般在室内进行，包括读故事书、唱歌、跳舞、玩游戏等 |||||

### （三）设备和软件

本研究收集数据时采用的摄像机和录音机的型号以及用于处理声音和图像的软件都严格遵循 CHILDES 语料库的要求和规定。

## （四）数据转写

本研究收集的所有的音像记录都按照 CHILDES 语料库规定的标准，每个场景所收集的语料都由研究人员采用 CLAN 软件做详细的文字转录。转写主要依据录音，录像仅仅为转写中的场景描述提供补充材料。文件转写完成后，为保障转写文件的质量，将由另外一到两名人员进行检查和校对。本研究的语料来自于这 5 名儿童两周岁前使用的所有词汇的历史记录。

## （五）数据提取

5 名受试采集语料的起点时间是一样的，但是与 Madeleine 相比，Theophile、Clara、Pauline 和 Camille 两岁前的词汇发展数据更完整（表 2.4）。

表 2.4　　　　　　　法语儿童语料采集时间段

| 受试 | 数据提取时间段 |
| --- | --- |
| Theophile | 15 个月—23 个月 |
| Clara | 15 个月—23 个月 |
| Pauline | 15 个月—23 个月 |
| Madeleine | 15 个月—23 个月 |
| Camille | 15 个月—23 个月 |

## 三　日语个案跟踪研究

### （一）受试

本研究主要记录了 5 名日本儿童 Ryo（男）、Aki（男）、Hiromi（女）、Tekaru（女）、Noji（男）在 1—2 岁年龄段间语言发展的情况，他们的语料均来自 CHILDES 语料库。5 名受试儿童均在日本长大，并且都将日语作为自己的母语习得。

### （二）长期语料的收集

本研究的语料来自 CHILDES 语料库。5 名小孩的语料分别由受过专门训练的且已经非常熟悉受试儿童及其家人的研究者收集。

小孩的活动一般安排在室内，主要通过读故事书、画画、唱歌、跳舞、吃东西、玩游戏等形式进行。同时，这段观察时间内受试儿童的主要监护人（如父母）的语言使用情况也同步地记录下来。对儿童进行录音和摄像采集的年龄跨度为 13—24 个月（见表 2.5）。

表 2.5　　　　　　　　日语儿童基本信息

| 受试 | Ryo | Aki | Hiromi | Tekaru | Noji |
| --- | --- | --- | --- | --- | --- |
| 出生年月 | 2005年6月7日 | 2005年5月4日 | 2007年11月4日 | 2007年3月27日 | 2007年6月25日 |
| 父母职业 | 中产阶级 | 中产阶级 | 中产阶级 | 中产阶级 | 中产阶级 |
| 监护人 | 父母 | 父母 | 父母 | 父母 | 父母 |
| 语言输入 | 日语 | 日语和少量汉语 | 日语 | 日语 | 日语 |
| 调查者 | 研究者 | 研究者 | 研究者 | 研究者 | 研究者 |
| 自然环境 | 小孩的活动一般在室内进行，包括读故事书、画画、唱歌、跳舞、吃东西、玩游戏等 | | | | |

（三）设备和软件

本研究收集数据时采用的摄像机和录音机的型号以及用于处理声音和图像的软件都严格遵循 CHILDES 语料库的要求和规定。

（四）数据转写

按照 CHILDES 语料库规定的标准采用 CLAN 软件对本研究收集的所有的音像记录做详细的文字转录。每个场景的文本转写都由参与该研究的研究人员主要依据录音进行转写，并以录像作为转写中场景描述的补充材料。完成文件转写后，为保障转写文件的质量，由另外一到两名人员检查和校对。本研究的语料来自于这 5 名儿童两周岁前所有使用词汇的历史记录。

（五）数据提取

5 名受试儿童语料采集的起点时间是不一样的，与 Ryo、Aki 和 Tekaru 相比，Hiromi 和 Noji 两岁前的词汇发展数据更完整（表 2.6）。

表 2.6　　　　　　　　日语儿童语料采集时间段

| 受试 | 数据提取时间段 |
|---|---|
| Ryo | 16 个月—24 个月 |
| Aki | 17 个月—24 个月 |
| Tekaru | 16 个月—24 个月 |
| Hiromi | 13 个月—24 个月 |
| Noji | 13 个月—24 个月 |

## 第二节　语料库数据研究

### 一　CHILDES 中的汉语数据库

(一) 文本选择

本研究中汉语的文本选自周兢语料库，主要选取了 110 名年龄阶段为 14—72 个月的汉语儿童作为受试，每个年龄组各 10 名。其中，40 名儿童的语料选自周兢语料库一：分别是 14 个月组，20 个月组，26 个月组，32 个月组；70 名儿童的语料选自周兢语料库二：分别是 36 个月组，42 个月组，48 个月组，54 个月组，60 个月组，66 个月组，72 个月组。

每个年龄组各选取 10 个转写文本，为了探究不同年龄组儿童的语言能力发展情况，选择完转写文本后，再计算各年龄组的 MLU，其中汉语 MLU 的单位为词，划分标准参照陈敏（2005）（详见附录 2）。表 2.7 显示了每个年龄组的平均话语长度（MLU）和标准差。

表 2.7　汉语儿童各年龄段的平均话语长度（MLU）及标准差

| 受试年龄（月） | 数目 | 平均值（MLU） | 标准差 |
|---|---|---|---|
| 14 | 10 | 1.38 | .28 |
| 20 | 10 | 1.48 | .22 |
| 26 | 10 | 2.46 | .57 |

续表

| 受试年龄（月） | 数目 | 平均值（MLU） | 标准差 |
| --- | --- | --- | --- |
| 32 | 10 | 2.83 | .46 |
| 36 | 10 | 2.33 | .11 |
| 42 | 10 | 2.41 | .10 |
| 48 | 10 | 2.45 | .17 |
| 54 | 10 | 2.59 | .17 |
| 60 | 10 | 2.65 | .18 |
| 66 | 10 | 2.59 | .27 |
| 72 | 10 | 2.78 | .18 |

如表2.7所示，随着年龄的增长，汉语儿童的平均话语长度整体呈增长态势，这意味着随着年龄的增长，儿童的语言能力也在不断地提高。但是，不同年龄段间呈现出细微差异：其中，在20—26个月过渡的年龄段，平均话语长度增幅最大，儿童的语言能力得到了大幅提高。此外，随着年龄的增长，平均话语长度有时会出现变短的情况（如32个月到36个月，60个月到66个月），但减少幅度较小。这可能是由一些客观因素所导致，在此不作具体分析。

(二) 文本处理

本研究共选用110名儿童的语料库文本，其中着重考察普通名词中不同范畴层次词汇的使用情况。因为与其他词类相比，普通名词往往在早期儿童词汇习得中占据最大的比重且更能表现一个完整的感知或功能形态。所以，本文把汉语范畴层次词汇的研究限制在普通名词范围之内。在对语料文本进行处理时，我们首先会进行词语的切分，接着将切分出的词语按照三种范畴层次进行分类，最后分别进行统计，并对所得数据进行统计学意义上的分析。

对周兢语料库中提取的研究语料进行文本处理时，对词语的切分主要参照曾涛（2010）的标准。从转写文本中提取词语时，为了排除那些语境因素的影响和一些固化的表达，模仿、数数、唱歌等场景下产出的词汇不在计算的范围内。

（三）词语切分

在本研究中，为了更客观地描述儿童语言的发展，我们进一步解决了一些汉语词语习得中对词进行切分计算的方法论问题。根据 Bloomfield（1933）、Zhu（1982）以及 Chao（1968）的定义，我们认为一个独立的"词"的界定应当遵循以下四个原则：最小的自由形式、不可分割性、多功能性以及独立性。

Bloomfield（1933：178）认为，"一个词应该不包含两个或更多的非自由的语言形式，简言之，一个词就是最小的自由形式"。Zhu（1982：11）将词语定义为最小的有意义的语言成分，并罗列了四种词素：a. 单音节词，如"人"、"吃"；b. 双音节词，如"蜘蛛"、"沙发"；c. 多音节词，如"巧克力"；d. 少于一个音节的词素，如"花儿"中的"儿"。Chao（1968：160）将词定义为"能够填充特定功能的最小的单位"。他因此将虚词如"了"（LE）[①]、"的"（DE）、"才"当作自由词，因为这些词都具有独立性。依据 Bloomfield（1933）、Zhu（1982）和 Chao（1968）给出的定义，本研究将以下四条原则作为界定"词"的标准：

（1）最小的自由形式

词是话语构成的最小的单位。例如，"苹果"和"橘子"都是词，因为两者都是最小的自由语言形式，都不是由较小的自由形式组合而来的。

（2）不可分割性

如果一个词语可以插入一个双音节成分的两个音节之间，那么就认定这个双音节成分为两个词。例如，"红花"是两个词，因为在不改变原来词义的基础上"红花"之间可以插入词语"的"。

（3）多功能性

一个表达如果只有有限的组合将不被认定为词。例如，"睡觉"中的"觉"的组合仅仅限制在词语"睡觉"中，因此"觉"不是一

---

[①] 大写字母指汉语中的助词或介词。

个单独的词。

(4) 独立性

如果一个功能词被当作独立的句子成分使用，那么即使它不是最小的自由形式仍会被认定为一个词。例如，副词"还""再""也"；介词"把""从""让"；等等。

## 二　CHILDES 中的法语数据库

(一) 文本选择

法语语料库数据来自于 110 名 14—72 个月大的法语儿童，共有 11 个组，分别为 14 个月组、20 个月组、26 个月组、32 个月组、36 个月组、42 个月组、48 个月组、54 个月组、60 个月组、66 个月组，以及 72 个月组。每组共计 10 名受试。

各年龄组各有 10 个转写文本，为了探究不同年龄组儿童的语言能力发展情况，本研究在选择转写文本后，再计算各年龄组的平均话语长度（MLU），表 2.8 显示了每个年龄组的 MLU 的平均值和标准差。

表 2.8　法语儿童各年龄段的平均话语长度（MLU）及标准差

| 受试年龄（月） | 数目 | 平均值（MLU） | 标准差 |
| --- | --- | --- | --- |
| 14 | 10 | 1.31 | .46 |
| 20 | 10 | 1.45 | .25 |
| 26 | 10 | 2.17 | .82 |
| 32 | 10 | 3.03 | .65 |
| 36 | 10 | 3.32 | 1.05 |
| 42 | 10 | 3.17 | .75 |
| 48 | 10 | 5.04 | .81 |
| 54 | 10 | 5.08 | 1.08 |
| 60 | 10 | 5.42 | 1.14 |
| 66 | 10 | 6.76 | 1.01 |
| 72 | 10 | 6.35 | 1.31 |

表2.8显示，整体来看，随着年龄的增长，法语儿童的平均话语长度呈增长趋势，这表明儿童的语言能力随年龄的增长在不断提高。其中在20—26个月和42—48个月这两个过渡年龄段，平均话语长度增幅最大，儿童的语言能力得到了较大提高。但值得注意的是，在36—42个月和66—72个月这两个相邻年龄段间，出现了年龄增长而平均话语长度有所减短的情况，但减少幅度较小，我们推测可能是一些客观因素所致，这里将不作具体分析。

（二）文本处理

本研究共选用110名儿童的语料库文本，其中着重考察普通名词中不同范畴层次词汇的使用情况。因为与其他词类相比，普通名词往往在早期儿童词汇习得中占据最大的比重且更能表现一个完整的感知或功能形态。所以，本文将法语范畴层次词汇的研究限制在普通名词范围之内。在对语料文本进行处理时，我们首先会进行词语的切分，接着将切分出的词语按照三种范畴层次进行分类，最后分别进行统计，并对所得数据进行统计学意义上的分析。

对法语语料库中提取的研究语料进行文本处理时，对词语的切分主要参照曾涛（2010）的标准。从转写文本中提取词语时，为了排除那些语境因素的影响和一些僵化固定的表达，模仿、数数、唱歌等场景下产出的词汇不在计算的范围内。

（三）词语切分

由于本研究主要关注儿童早期词汇发展中的名词，且这一词语类别在儿童早期词汇占据了绝大多数。因此，从数据库中提取词语时，只提取了名词作为本研究的实验材料（模仿词、数数的数字、唱歌歌词以及阅读时的发音都排除在外）。虽然法语与汉语情形相同，但它在一定程度上与英语有所差异。通过将法语词汇与英语词汇进行对比，本研究总结出两者的异同如下：两种语言同属于印欧语言，法语最小的语言单位也是"词"，英法两种语言相互影响并借鉴彼此词汇，但两者合成词的构成并不一样。在英语合成词中，修饰词通常位于中心词之前，而对于大多数的法语合成词而言，修饰语位于中心词之后。例如：

  法语：Chaise roulante
  英语：Wheel chair
   "轮椅"

  因此，主要依据 Rosch（1976）关于名词分类的标准，本研究确定了基本范畴层次的标准，其中有关法语基本范畴的界定标准罗列如下：

  （1）基本层次名词体现使用者概念里的一个完整的感知或功能形态。例如，当听话者听到基本层次法语词汇 arbre（树）时，马上会联想到一个整体意义的树，而不会是树枝、树墩、树叶等树的细节。

  （2）基本层次词汇更具包含性和多产性，基本范畴层次具有最普遍的共有特征。例如，法语基本层次词汇 chaise（椅子）相比上位层次词汇 meuble（家具）和下位层次词汇 chaise roulante（轮椅）更具有包含性，因为 chaises（椅子）具有最普遍的特性，如可以坐，有四条椅腿，通常为木质或金属的材质。

  （3）与上位和下位层次词汇相比，基本层次词汇最广泛地用于成人日常交际中。例如，在人们的日常生活中，常常使用 chaise（椅子）来指代 chaise roulante（轮椅）或 chaise longue（躺椅）。

## 三　CHILDES 中的日语数据库

（一）文本选择

  日语语料库数据来自 90 名 14—60 个月大的日语儿童，分成 9 个组，分别为 14 个月组、20 个月组、26 个月组、32 个月组、36 个月组、42 个月组、48 个月组、54 个月组以及 60 个月组。每组共计 10 名受试。

  各年龄组各有 10 个转写文本，为了探究不同年龄组儿童的语言能力发展情况，在选择转写文本后，再计算各年龄组的 MLU，如

表2.9显示了每个年龄组的MLU的平均值和标准差。

表2.9  日语儿童各年龄段的平均话语长度（MLU）及标准差

| 受试年龄（月） | 数目 | 平均值（MLU） | 标准差 |
| --- | --- | --- | --- |
| 14 | 10 | 0.92 | .06 |
| 20 | 10 | 1.11 | .10 |
| 26 | 10 | 1.81 | .43 |
| 32 | 10 | 1.88 | .35 |
| 36 | 10 | 2.61 | .30 |
| 42 | 10 | 2.73 | .45 |
| 48 | 10 | 3.33 | .41 |
| 54 | 10 | 2.53 | .43 |
| 60 | 10 | 2.63 | .40 |

表2.9显示，总的来说，随着年龄的增长，日语儿童的平均话语长度呈增长趋势，这表明儿童的语言能力随年龄的增长在不断提高。其中在20—26个月过渡的年龄段，平均话语长度增幅最大，即儿童的语言能力提高较大。但是在48—54个月的过渡年龄段，出现了随着年龄的增长，平均话语长度有所减短的情况，但减少幅度较小，这可能是儿童经历词汇的快速增长期后逐步进入平稳发展的阶段，从而出现这一现象。

（二）文本处理

本研究共选用90名儿童的日语语料库文本，主要观察的是普通名词中不同范畴层次词汇的使用状况。因为在儿童早期习得的词汇中，普通名词这一词类的比重明显处于优势地位，而且更能呈现出完整的感知或功能形态。鉴于上述情况，本文仅对普通名词这一词类进行范畴层次词汇的研究。我们对语料文本的处理遵循系列步骤：首先是切词，其次将切分出的词语分成上位范畴层次词汇、基本范畴层次词汇和下位范畴层次词汇，最后逐项进行统计，并从统计学的角度来分析所得数据。

### （三）词语切分

对日语语料库中提取的研究语料进行文本处理时，对词语的切分主要参照曾涛（2010）的标准。从转写文本中提取词语时，为了排除那些语境因素的影响和一些僵化固定的表达，模仿、数数、唱歌等场景下产出的词汇不在计算的范围内。

## 第三节　控制实验

### 一　图片分类和命名测试

控制实验中图片分类和命名测试主要用来考察以下三个方面：（1）汉语儿童在产出和理解两个层面，范畴层次词汇的发展顺序。（2）汉语儿童在产出和理解方面占主导优势的范畴层次的分布特点。（3）儿童范畴能力发展中，范畴化与非范畴化认知过程的交互情况。

根据这三个方面，本实验提出了三个假设：（1）在理解上汉语儿童的发展顺序是基本范畴层次、下位范畴层次和上位范畴层次；在产出上，发展顺序是基本范畴层次、下位范畴层次、最后才是上位范畴层次。（2）基本范畴层次在理解和产出两方面均占主导地位。（3）非范畴化过程与范畴化过程交互作用，可视为范畴化的一部分，儿童的范畴化与非范畴化活动结合起来将有助于其范畴的发展。

#### （一）受试

控制实验的研究对象包括90名来自湖南大学附属幼儿园的3—5岁儿童。他们按年龄分成三个组，用G1、G2和G3表示。各组对应的平均年龄（年/月）分别是3；5（SD=3；4）、4；3（SD=1；9）、5；5（SD=3；7）。受试接受单个逐一测试，他们的回答情况由实验人员记录。所有的受试均以汉语为母语，无任何明显的认知障碍或发育迟缓。

#### （二）实验材料

本研究采用图片分类和图片命名的方式分别从理解和产出两方

面，探索汉语儿童范畴层次词汇的发展规律。实验材料由 48 张彩色图片组成，其中 16 张图片用作演示实验，32 张图片用作正式实验（见表 2.10）。彩色演示和正式实验图片见附录 3。

表 2.10　　　　　　演示和正式实验中使用的图片

|  | 上位层次 | 基本层次 | 下位层次 |
| --- | --- | --- | --- |
| 演示图片 | 文具 | 笔<br>本子 | 钢笔、铅笔、圆珠笔、水彩笔<br>笔记本、作业本、记录本、便签本 |
| 实验图片 | 家具 | 电器<br>椅子 | 电视机、空调、冰箱、洗衣机<br>躺椅、长椅、藤椅、木椅 |
|  | 穿着 | 上衣<br>鞋子 | 毛衣、衬衣、夹克、棉袄<br>皮鞋、凉鞋、拖鞋、棉鞋 |
|  | 动物 | 鱼<br>鸟 | 鲨鱼、金鱼、鳝鱼、鲫鱼<br>鹦鹉、麻雀、孔雀、天鹅 |
|  | 交通工具 | 车<br>船 | 铲车、吊车、摩托车、洒水车<br>大轮船、帆船、木船、皮划艇 |
|  | 植物 | 花<br>树 | 向日葵、玫瑰、菊花、喇叭花<br>柳树、松树、枫树、梧桐树 |

（三）实验步骤

*挑选图片*

本研究选取的 48 张图片均为彩图，来自于儿童读本或者互联网。每张图片对应一个下位词，每 4 张为一组，如"钢笔""铅笔""圆珠笔""水彩笔"等，这 4 张图片对应同一基本范畴层次"笔"。每两类基本范畴层次构成一个上位范畴层次，如"笔"和"本子"对应同一上位范畴层次"文具"。

*演示实验*

在演示实验中，实验人员遵循严格的引导语，确保儿童明白和熟悉图片分类和取名的过程。

引导语：

小朋友，我这里有 16 张图片，它们都是不一样的，所以我们可以将它们分成不同的几类。如果我们将它们分成两类的话，可以这样分：一类包括钢笔、铅笔、圆珠笔、水彩笔、笔记本、作业本、会议记录本、便签本；另一类包括电视机、空调、冰箱、洗衣机、躺椅、长椅、藤椅、木椅。嗯，我们分好类了，现在来看一下它们有些什么特点。我们先看第一类，第一类包括钢笔、铅笔、圆珠笔、水彩笔、笔记本、作业本、会议记录本、便签本，这些都是用来学习的，我们称它们为文具或者学习用品；另一类包括电视机、空调、冰箱、洗衣机、躺椅、长椅、藤椅、木椅，这些都是家里面的东西，我们可以称它们为家具。所以我们分的这两类是文具类和家具类。小朋友，明白了吗？

现在我们知道这些图片一类是学习用品，另一类是家具，那么，让我们再来看看我们所分的这两类有些什么特点，我们先看学习用品，钢笔、铅笔、圆珠笔、水彩笔，这些都是我们用来写字和画画的，我们称它们为笔；而笔记本、作业本、会议记录本、便签本，这些是我们用来记录东西的，我们称它们为本子。所以学习用品包括的这两类就是笔和本子。我们再看看家具的图片，电视机、空调、冰箱、洗衣机是插了电才可以用的，我们称它们为电器；躺椅、长椅、藤椅、木椅都是我们坐在上面休息的，我们称它们为椅子。所以我们这些家具的图片包括的这两类是电器和椅子。小朋友，明白了吗？

### *正式实验*

正式实验包括两部分，理解测试和产出测试。从儿童的语言发展看，产出比理解要困难得多，故产出也比理解发展更晚。考虑到若先进行产出实验可能会影响其后的理解实验结果，因此本实验将先进行理解测试。

正式实验采取两种不同的问话方式。在第一种方式中，研究人员针对一组 16 张图片（衣着类与动物类）说出不同范畴层次的词汇，并要求儿童按照成人的问题对图片进行分类。该方式采取的引导语是:"这里有 16 张图片,一类属于平时穿着,一类属于动物,你能分出来吗?我们看看穿着,一类属于上衣,一类属于鞋子,你能分出来吗?我们再看看动物,哪些是鱼呢?哪些是鸟呢?"

在第二种方式中,研究人员针对另一组 16 张图片(交通工具类与植物类),要求儿童将其分别分为两类和四类,等受试分类完成后,实验者要求儿童说出每一类的名称以及划分的理由。该方式采取的引导语是:"这里有 16 张图片,你能将它们分成两类吗?为什么这么分呢?我们怎么称呼它们呢?"若受试儿童分类错误,研究人员在儿童进行下一步分类前,将图片正确放置成交通工具和植物两类,并继续提问:"这里有两类图片,每类都有 8 张,你能将它们分成两类吗?为什么这么分呢?我们怎么称呼它们呢?"实验人员不仅要记录儿童的分类情况,也要记录他们为图片命名情况。

(四)数据收集及处理

在数据收集过程中两个实验者为一组。一个实验者将实验任务指派给受试,另一名实验者负责填写实验信息记录表(附录4),同时观察测试情况,实验过程中用录音笔记录受试的回答。

实验后,录音和录像文件分别利用 Cool Edit 2000 和 Ulead Video Studio 7 来处理,并由 1—2 名研究生根据 CHILDES(MacWhinney, 2000)的标准转写。为确保转写的质量,转写将安排另一名研究生进行核对。同时,所有的实验信息记录表均被收集并统计。在下一步的统计分析中,将把转写文本作为主要参考,以保证数据的准确性和可靠性。

## 二 语义加工在线测试

语义加工测试主要用来考察以下三个方面:(1)从反应时和正确率看,汉语成人和儿童对三个范畴层次词汇进行语义加工的情况。(2)汉语成人和儿童对不同范畴层次词汇加工的共性和差异。(3)年龄、刺激类型、范畴层次对语义加工过程的影响。

（一）受试

本研究的被试由两个年龄组构成：成人组和儿童组，每组 30 人。基于语言和技术使用能力，本实验中的成人被试均来自湖南大学，年龄在 20 岁左右；儿童被试来自于湖南大学附属小学，年龄在 7 岁左右。

（二）实验材料

本实验包含两种类型的刺激材料，词语类材料（240 个词语）和图片类材料（240 张图片），两类材料中的词语和图片内容一一对应。实验中，根据范畴层次的不同，每类材料又被进一步分成三组：基本范畴层次组、上位范畴层次组、下位范畴层次组（见附录 5）。另外，根据 Rosch（1976）观点，对于基本范畴层次概念的判断标准如下：

（1）基本范畴层次词汇在使用者概念里是一个完整的感知或功能形态；

（2）基本范畴层次词汇的概括力和能产力更高。属于基本范畴层次的物体具有更广泛的属性；

（3）在成人日常用语中，基本范畴层次词汇在三个范畴层次中使用频率最高。

进行实验时，每四个词语（图片）为一测试组，共 120 个测试组，在其中一半的测试组中，前三个词语（图片）属于同一范畴，第四个词语（图片）属于另一范畴；另一半测试组中，四个词语（图片）都属于同一范畴。为减轻被试的加工认知负担，实验前，研究者已经对所有的实验材料进行确认，确保所有生僻词汇都被排除。考虑到实验目的是找出成人和儿童对于上位范畴层次、基本范畴层次和下位范畴层次的认知加工的差异，以及词语类刺激和图片刺激的复杂度对受试反应时的影响，实验词语均选取名词，其他词类如动词、形容词不包含在本实验词语素材中。词语类刺激材料举例，如表 2.11。

表 2.11　　　　　　　　　　词语类刺激材料样例

| 下位层次范畴图片 ||||
|---|---|---|---|
| 棉布连衣裙<br>Cotton Dress | 牛仔连衣裙<br>Denim Dress | 蕾丝连衣裙<br>Lace Dress | 雪纺连衣裙<br>Chiffon Dress |
| 户外休闲鞋<br>Outdoor Leisure Shoes | 商务休闲鞋<br>Business Leisure Shoes | 时尚休闲鞋<br>Fashion Leisure Shoes | 登山越野鞋<br>Mountaineering Shoes |
| 水草草帽<br>Water Plants Straw Hat | 麦秸草帽<br>Wheat Straw Hat | 竹篾草帽<br>Bamboo Strip Straw Hat | 棕绳草帽<br>Coir Rope Straw Hat |

（三）实验流程

整个实验包含四个部分，首先测试汉语成人对三个范畴层次词汇的加工情况，然后测试汉语成人对三个范畴层次词汇所代表的图片的加工情况，接下来将汉语儿童作为被试，依次测试儿童对三个范畴层次词汇和图片的加工情况。

实验以 E-prime2.0 为实验工具，记录被试的反应时和正确率。正式实验时，刺激材料会以随机顺序呈现在屏幕上，被试首先会看到三个词语（图片）同时呈现，紧接着，屏幕上会出现一个红色加号，加号消失后，屏幕上会出现第四个词语（图片）。被试此时需要进行快速的按键反应，进行判断，如果被试认为最后出现的词语（图片）与前三个词语（图片）属于同一范畴，则按1，不属于同一范畴则按2。从第四个词语出现到被试做出反应按键的时间将作为反应时被记录下来，判断正确的个数被记录为正确频率。

正式实验开始前，实验者会协助被试者了解实验要求，熟悉试验流程；正式实验时，所有被试者都单独接受测试，互不干扰。

（四）数据分析

数据采用 SPSS 进行多因素方差分析，以反应时和正确率作为因变量，以年龄、刺激类型、范畴层次作为自变量。年龄作为自变量包含两个水平，即成人和儿童；刺激类型包含两个水平，文字类型和图片类型；范畴层次包含三个水平，基本范畴层次，上位范畴层次和下位范畴层次。

为解决上文提出的问题，本书通过三因素方差分析，对三个因素（年龄、刺激类型、范畴层次）的交互效应进行探究；然后对这三个因素中，每两两因素之间的交互效应进行探究，即年龄和刺激类型，年龄和范畴层次以及刺激类型和范畴层次。最后，通过单因素方差分析，以范畴层次作为自变量，反应时和正确率作为因变量，重点探究范畴层次对语义加工过程的影响，以检验"基本范畴层次效应"的准确性和正确性，即在三个范畴层次中，基本范畴层次是否同前人研究一样，凸显性最强，加工效率最高。

### 三 事件相关电位（ERP）脑电测试

事件相关电位（ERP）脑电测试选取具有跨语言共性的中动结构，该结构出现频率很高，是处于主动句与被动句之间的特殊句型结构，历年来语言学家从词汇、句法、语法等方面对该结构进行了系列研究。

随着认知语言学的深入和发展，学者们尝试采用新的视角研究中动句。由于中动句的形成与人们对真实世界的范畴分类过程密切相关，而基本范畴层次在人们的感知方面具有相似的整体外形，能够形成反映整个类别的单个心理意象，有助人们最快地辨认其属性，同时具有典型性的基本范畴层次是人们来对周围的具体事物进行有效分类的手段，故该结构描述的事件往往都是属于基本范畴层次的事件（梁丽，2006）。

本实验通过探讨不同范畴层次的动词（基本范畴层次、下位范畴层次）对汉语中动句语义加工的影响，从神经电生理机制的视角，比较受试对不同范畴层次动词加工的共性与差异，以及范畴层次的生理表征。

（一）受试

本研究受试者为18名来自湖南大学的本科生及研究生（男女各9人），年龄为18—24岁，平均年龄22岁。所有受试均自愿参加测试,其中 2 名受试的脑电数据在事件分类之后达不到叠加的数量,为无效数据,故最终有效人数为 16 人。所有受试均为汉族母语者;右利手;裸眼视力或矫正视力正常;无认知、理解上的缺陷或损伤。实验过程中实验人员提醒受试尽量减少眨眼,避免头部及身体移动,以免影响实验结果。

(二)实验材料

由于 ERP 脑电测试主要探讨基本范畴层次和下位范畴层次的动词是否会影响汉语中动句的语义加工,其实验材料涉及简单汉语中动句,因此本节首先将对中动结构的定义、语义特征、分类进行简要的综述,然后对本实验的刺激语料进行说明。

a. 中动结构定义

Keyser 和 Roeper(1984)将中动结构定义为一组具有特殊句法和语义特征的句子。他们认为,中动结构形式上是主动的,而在意义上却是被动的,即具有主位主语、主动动词以及副词作为修饰语的结构。下面(1)(2)(3)中英文对照例句就属于典型的中动句。

(1) a. Bureaucrats bribe easily.

b. 贪官贿赂起来很容易。

(2) a. The wall paints easily.

b. 这面墙油漆起来很容易。

(3) a. The book reads easily.

b. 这本书读起来很容易。

b. 中动结构的语义特征

(1)中动结构具有施事性。Keyser 和 Roeper(1984)、Hoekstra 和 Roberts(1993)提出虽然中动结构中没有明显的施事者,但听话者仍然可以感觉到施事者的存在。例如在句子"The wall paints easily"和"Bureaucrats bribe easily"中,可以明显感觉到是某人漆墙,某人贿赂贪官。

（2）中动结构具有非事件性。Keyser 和 Roeper（1984）指出中动结构表达普遍成立的命题，并不描述具体时间发生的特定事件。同样，Fagan（1988）也认为中动结构不用来报道事件，而用来表达某些物体的特定属性。因此，中动动词就像静态动词一样不能出现在进行时或者祈使句中。

（3）中动结构具有情态意义。Massam（1992）指出中动结构表示"做某事的能力"，副词修饰语通常指示容易性、难度性、可能性或者指称事件发生的概率。换句话说，中动结构通常表示能力或者可能性的情态概念。

c. 中动结构的分类

目前，许多学者对中动结构的分类进行了相关研究（Halliday, 1994; Dou, T. & Shao, Z. H., 2010）。Halliday（1994）将英语语态分为中动态和非中动态（即有效态）。Saeed（1997）将中动结构概括成四类，包括中性不及物、身体活动和感情、反身代词以及自动受益格。Dou 和 Shao（2010）在 Fillmore 的格语法的深层命题格关系的基础上，将英语中动结构根据形式主语名词性短语的差异分为三类：受事格类，如"Bureaucrats bribe easily"；工具格类，如"This knife cuts well"；方位格类，如"The truck loads easily"。

本实验以简单汉语中动句"名词短语+动词+起来+形容词短语"为刺激语料，共分为含基本范畴层次动词的中动句、含下位范畴层次动词的中动句、单纯语义违背中动句三类（表 2.12）。前两种句子类型中的动词分别属于基本范畴层次和下位范畴层次；在单纯语义违背句子中，刺激动词选取的是与主语搭配不当的简单动词。每类句子各 10 个，为保证实验材料诱发出较为平滑的脑电波形，30 个中动句循环三次随机呈现，也就是说，每个受试均会看到 90 个中动句（附录 6）。

表 2.12　　　　　　　　　中动句类型及例句

| 句子类型 | 说明 | 举例 |
| --- | --- | --- |
| 含基本范畴层次动词的中动句 | 正确 | 这本书阅读起来很容易。 |
| 含下位范畴层次动词的中动句 | 正确 | 这本书浏览起来很容易。 |
| 单纯语义违背中动句 | 刺激动词与句子主语搭配不当 | *这本书胁迫起来很容易。 |

（三）实验程序

本实验借助 E-prime 2.0 软件进行编程，刺激语料均以白底黑字的形式呈现在屏幕中央。实验过程中，受试者端坐于电脑屏幕前 60—70cm 处，测试者会要求受试者尽量减少眨眼次数，并禁止身体移动。实验采取受试自主按键的方式获取数据，正式实验前会安排前测。前测共包含 20 个简单汉语中动句，时长约为 3 分钟，此过程中使用的语料均不会出现在正式实验中。前测过程中，实验人员向受试者介绍基本要求，以帮助其熟悉实验任务和具体操作方式。前测结束后，实验人员查看受试的前测数据，确保实验数据得以记录，待受试熟悉实验流程后才开始正式实验。

实验指导语为：您好，欢迎参加此次实验！实验开始之后，首先会出现一个空白屏，提醒您集中注意力；接着出现两个词组，然后呈现一个红色注视点"+"，最后出现第三个词组。您的任务是判断 3 组词语所组成的汉语句子是否正确，并在注视点"+"出现之后迅速做出按键反应。若您认为正确，请按键盘上的数字键"1"；若不正确，请按数字键"0"。一组句子结束后，会再次出现空白屏，提醒您准备判断下一组句子。

空白屏的呈现时间为 250ms，第一个词组（句子主语）的呈现时间为 750ms，第二个词组（中动动词）的呈现时间为 1200ms，红色注视点"+"呈现 500ms，句末词（修饰词）呈现 1200ms。之后，空白屏会再次出现，开始下一个测试句。正式实验中，受试需判断随机呈现的 120 个中动句，为时约 8 分钟。

### (四) EEG 记录与分析

本实验采用的脑电设备为 NeuroScan Synamps 2，实时记录被试 64 导的 EEG 数据。以单侧乳突为记录电极，水平眼电和垂直眼电也被记录在内，滤波带通低通为 30 Hz，每个电极的电阻均小于 5 kΩ。实时采集结束后利用 Curry 7 软件对 EEG 数据进行离线分析，用全头平均做参考，协方差法消除眼电伪迹。以刺激动词为事件间隔，对 EEG 数据进行分段 (epoch)，事件间隔为 1200ms (刺激前 300ms 为基线)。将四类违例下的事件进行叠加平均，进行相应的统计分析。

根据最终叠加的脑电波形图，研究发现 N400 和 P600 成分的波幅在不同的受试间存在较大变异。因此，时间窗为 300—500ms 的 N400 平均波幅以及 550—800 ms 的 P600 平均波幅为后期统计分析的重点。用于数据分析的电极包括中线 (Fz, Cz, Pz) 以及左右两侧电极 (左半球: F3、F5、F7、FC3、FC5、FT7、C3、C5、T7、CP3、CP5、TP7、P3、P5、P7、PO3、PO7、O1; 右半球: F4、F6、F8、FC4、FC6、FT8、C4、C6、T8、CP4、CP6、TP8、P4、P6、P8、PO4、PO8、O2)。对头皮中线位置和左右两侧半球测量的 N400 平均波幅进行了违例类型的方差分析。除此之外，本研究也对行为数据 (反应时及正确率) 做了系统的违例类型的方差分析。

## 第四节 小结

第二章主要介绍了本研究中所采用的具体方法，并对实验的目的、变量的选择，以及数据的收集和处理过程进行了详细描述。其中个案跟踪研究部分介绍了受试的基本信息、语料采集方式、设备和软件型号以及数据转写和提取标准等；语料库数据研究部分说明了文本选择、文本处理以及词语切分的基本原则；ERP 脑电测试则对受试选择、实验材料、实验程序以及 EEG 记录与分析的基本指标进行了阐释。

# 第三章

# 个案跟踪研究

　　本章将着重对个案跟踪研究中所收集的数据进行深入的描述与分析。本章通过考察汉语、法语、日语儿童词汇总量的发展情况，早期名词发展过程中各范畴层次词汇的发展情况、词汇总量和各范畴层次词汇的相关关系、名词层级词语的总体分布情况、名词中各范畴层次词汇的发展情况、儿童和成人同时期的普通名词和基本层次名词的使用情况，以及儿童与成人基本层次名词占普通名词的比率，探究分别以汉语、法语和日语为母语的儿童在语言产出和语言理解两个层面上，各范畴层次词汇尤其是基本层次词汇的分布比例以及它们的习得顺序和发展情况，并分析儿童范畴划分能力发展与儿童语言发展之间的关系。

　　汉语个案研究的数据来自5名长沙儿童在15—23个月期间有关语言发展情况的长期跟踪个案语料，其中2名受试儿童（LSY和AJR）的语料来自HNCELA，而剩余3名儿童的语料来自另一小型的语料库。法语和日语个案研究的数据均来自CHILDES语料库，研究者提取了5名法语受试15—23个月的长期跟踪个案语料以及5名日语受试16—24个月（其中Ryo的数据收集时间为15—23个月）的长期跟踪个案语料。所有音像记录均由受过专门训练的且已经非常熟悉受试小孩及其家人的专业研究者收集，而且所有的音像记录都按照CHILDES语料库规定的标准做了详细的文字转录，并由另外1—2名人员进行了重新检查和校对。

# 第一节　汉语个案跟踪研究的主要发现

## 一　5名汉语儿童受试词汇总量的发展

从表 3.1 中我们可以看出，5 名汉语儿童受试最初习得的词汇总量均较少，在 15 个月时词汇的数目都未超过 15 个。虽然在第 15 个月至第 17 个月期间有明显的突破，但是数目也一直保持在 40 个以下，增长速度也较慢。但是 18 个月后，他们的词汇总量便达到 50 个以上，且每月以几十个词汇的数量快速增长。换句话说，儿童在跨越某个时间点即第 18 个月这一早期词汇发展的分水岭之后，便进入到一个词汇飞跃的阶段，他们习得的词汇总量开始呈现快速增长的趋势，而且习得的数量也十分可观。其中，我们观察到 GZP 和 YDZ 的词汇发展尤为迅速，在 23 个月时词汇总量达到了 600 多，18 个月后，他们的词汇总量每月都以成百的速度增加，由此可知，在 18 个月之后，这两名汉语儿童受试者习得新词汇的能力得到了迅速的发展，词汇总量快速上升。

表 3.1　　　　　5 名汉语儿童受试词汇总量的发展

| 年龄（月） | 受试词汇数目 ||||| 
| --- | --- | --- | --- | --- | --- |
|  | LSY | AJR | GZP | XWQ | YDZ |
| 15 | 7 | 14 | 12 | 6 | 8 |
| 16 | 7 | 23 | 24 | 10 | 16 |
| 17 | 18 | 37 | 34 | 20 | 28 |
| 18 | 46 | 53 | 49 | 43 | 99 |
| 19 | 93 | 91 | 79 | 83 | 173 |
| 20 | 137 | 115 | 147 | 121 | 287 |
| 21 | 181 | 166 | 318 | 164 | 400 |
| 22 | 226 | 204 | 513 | 217 | 464 |
| 23 | 272 | 250 | 600 | 321 | 618 |

## 二　5名汉语儿童受试各范畴层次词汇的发展

表3.2描述了5名汉语儿童受试从15—23个月名词中各类范畴层次词汇的发展状况。从表3.2中我们可以看出，在发展时间上，5名汉语儿童受试的基本层次词汇出现时间均早于上位层次词汇和下位层次词汇，而下位层次词汇出现的时间又早于上位层次词汇。从数目上来看，基本层次词汇在儿童早期词汇中占据主导地位，远远大于上位层次词汇和下位层次词汇，其中下位层次词汇的数目居中，上位层次词汇的数目最少。从发展速度方面来看，5名汉语儿童受试的基本层次词汇发展都比较迅速。但是，值得注意的是，5名汉语儿童受试的上位层次词汇在观察期内的产出量均非常少，词汇量从未超过10个。综上所述，在儿童早期词汇范畴发展过程中，儿童经历了一个从具体到抽象的认知过程，在此过程中占主导地位的是基本范畴层次词汇，它比上位范畴层次词汇和下位范畴层次词汇更容易被儿童习得。

表3.2　　　　5名汉语儿童受试各范畴层次词汇的发展

| 年龄（月） | 受试词汇数目 ||||||||||||||
|---|---|---|---|---|---|---|---|---|---|---|---|---|---|---|
| | LSY ||| AJR ||| GZP ||| XWQ ||| YDZ |||
| | 上位 | 基本 | 下位 | 上位 | 基本 | 下位 | 上位 | 基本 | 下位 | 上位 | 基本 | 下位 | 上位 | 基本 | 下位 |
| 15 | 0 | 3 | 0 | 0 | 17 | 0 | 0 | 1 | 0 | 0 | 1 | 0 | 0 | 10 | 0 |
| 16 | 0 | 12 | 0 | 0 | 25 | 2 | 0 | 3 | 0 | 0 | 2 | 0 | 0 | 24 | 5 |
| 17 | 0 | 49 | 5 | 1 | 21 | 1 | 0 | 5 | 1 | 0 | 4 | 0 | 1 | 32 | 11 |
| 18 | 2 | 104 | 6 | 0 | 56 | 2 | 0 | 7 | 1 | 0 | 11 | 1 | 2 | 68 | 21 |
| 19 | 1 | 91 | 15 | 0 | 61 | 9 | 0 | 14 | 5 | 0 | 44 | 1 | 0 | 53 | 21 |
| 20 | 3 | 102 | 25 | 0 | 49 | 2 | 1 | 37 | 8 | 0 | 50 | 0 | 0 | 69 | 39 |
| 21 | 4 | 90 | 21 | 1 | 66 | 4 | 1 | 50 | 29 | 0 | 55 | 1 | 1 | 88 | 62 |
| 22 | 3 | 85 | 25 | 0 | 62 | 9 | 2 | 90 | 28 | 0 | 51 | 4 | 3 | 54 | 32 |
| 23 | 3 | 94 | 20 | 1 | 52 | 12 | 0 | 116 | 13 | 0 | 66 | 5 | 1 | 108 | 47 |

## 三　5名汉语儿童受试词汇总量与各范畴层次词汇的相关性分析

从表3.1和表3.2中我们可以看出，5名汉语儿童受试词汇总量的发展在跨越某个时间点即第 18 个月之后便呈现快速增长的态势，同时，各范畴层次词汇的发展也出现快速增长的趋势。本章节旨在通过考察 5 名汉语受试儿童的词汇总量与各范畴层次词汇之间的相关性以探究儿童词汇总量发展与儿童词汇范畴分类能力的发展之间的关系。

表 3.3　　　LSY 的词汇总量和上位层次词汇的相关性分析

|  | 词汇总量 | 上位层次词汇 |
| --- | --- | --- |
| 词汇总量 Pearson correlation<br>Sig.（2-tailed）<br>N | 1<br><br>9 | .543<br>.131<br>9 |
| 上位层次词汇　Pearson correlation<br>Sig.（2-tailed）<br>N | .543<br>.131<br>9 | 1<br><br>9 |

通过采用 SPSS 13.0 对受试儿童 LSY 的词汇总量和上位层次词汇进行相关性分析，结果显示，$r=.543$，$p=.131>.05$，应接受总体中这两个变量的相关系数为零的假设，故可以认为，LSY 的词汇总量和上位层次词汇之间呈不相关关系。

表 3.4　　　LSY 的词汇总量和基本层次词汇的相关性分析

|  | 词汇总量 | 基本层次词汇 |
| --- | --- | --- |
| 词汇总量 Pearson correlation<br>Sig.（2-tailed）<br>N | 1<br><br>9 | .873**<br>.002<br>9 |
| 基本层次词汇　Pearson correlation<br>Sig.（2-tailed）<br>N | .873**<br>.002<br>9 | 1<br><br>9 |

\*\*. Correlation is significant at the 0.01 level (2-tailed)

通过采用 SPSS 13.0 对受试儿童 LSY 的词汇总量和基本层次词汇进行相关性分析，结果表明，$r=.873$，$p=.002<.01$，应拒绝总体中这两个变量的相关系数为零的假设，故得出结论，LSY 的词汇总量和基本层次词汇之间存在相关关系。

表 3.5　　LSY 的词汇总量和下位层次词汇的相关性分析

|  | 词汇总量 | 下位层次词汇 |
|---|---|---|
| 词汇总量　Pearson correlation<br>Sig. (2-tailed)<br>N | 1<br><br>9 | .878**<br>.002<br>9 |
| 下位层次词汇　Pearson correlation<br>Sig. (2-tailed)<br>N | .878**<br>.002<br>9 | 1<br><br>9 |

\*\*. Correlation is significant at the 0.01 level (2-tailed)

通过采用 SPSS 13.0 对受试儿童 LSY 的词汇总量和下位层次词汇进行相关性分析，结果显示，$r=.878$，$p=.002<.01$，应拒绝总体中这两个变量的相关系数为零的假设，故可以认为，LSY 的词汇总量和下位层次词汇之间呈相关关系。

综上所述，汉语儿童受试 LSY 的词汇总量和基本层次词汇以及下位层次词汇之间存在相关关系，而与之相对，词汇总量与上位层次词汇之间呈不相关关系。由此可知，随着受试 LSY 的词汇总量的快速发展，其习得的基本层次词汇和下位层次词汇也相应迅速增加。

表 3.6　　AJR 的词汇总量和上位层次词汇的相关性分析

|  | 词汇总量 | 上位层次词汇 |
|---|---|---|
| 词汇总量　Pearson correlation<br>Sig. (2-tailed)<br>N | 1<br><br>9 | .374<br>.321<br>9 |
| 上位层次词汇　Pearson correlation<br>Sig. (2-tailed)<br>N | .374<br>.321<br>9 | 1<br><br>9 |

通过采用 SPSS 13.0 对受试儿童 AJR 的词汇总量和上位层次词汇进行相关性分析，结果显示，$r=.374$，$p=.321>.05$，应接受总体中这两个变量的相关系数为零的假设，故可以认为，AJR 的词汇总量和上位层次词汇之间呈不相关关系。

表 3.7　　AJR 的词汇总量和基本层次词汇的相关性分析

|  | 词汇总量 | 基本层次词汇 |
|---|---|---|
| 词汇总量　Pearson correlation<br>Sig.（2-tailed）<br>N | 1<br><br>9 | .824**<br>.006<br>9 |
| 基本层次词汇　Pearson correlation<br>Sig.（2-tailed）<br>N | .824**<br>.006<br>9 | 1<br><br>9 |

**. Correlation is significant at the 0.01 level（2-tailed）

通过采用 SPSS 13.0 对受试儿童 AJR 的词汇总量和基本层次词汇进行相关性分析，结果显示，$r=.824$，$p=.006<.01$，具有相关性且具有统计学意义，故可以认为，AJR 的词汇总量和基本层次词汇之间存在相关关系。

表 3.8　　AJR 的词汇总量和下位层次词汇的相关性分析

|  | 词汇总量 | 下位层次词汇 |
|---|---|---|
| 词汇总量　Pearson correlation<br>Sig.（2-tailed）<br>N | 1<br><br>9 | .906**<br>.001<br>9 |
| 下位层次词汇　Pearson correlation<br>Sig.（2-tailed）<br>N | .906**<br>.001<br>9 | 1<br><br>9 |

**. Correlation is significant at the 0.01 level（2-tailed）

通过采用 SPSS 13.0 对受试儿童 AJR 的词汇总量和下位层次词汇进行相关性分析，结果显示 $r=.906$，$p=.001<.01$，应拒绝总体中这两个变量的相关系数为零的假设，故可以认为 AJR 的词汇总量和下位层次词汇之间存在相关关系。

综上所述，汉语儿童受试 AJR 的词汇总量和基本层次词汇以及下位层次词汇之间均存在相关关系，但和上位层次词汇之间则呈不相关关系。由此推断，汉语儿童受试 AJR 的词汇总量的发展与其基本层次词汇和下位层次词汇的习得之间有着紧密的联系，随着 AJR 词汇总量的快速发展，其习得的基本层次词汇和下位层次词汇也相应迅速增加。

表 3.9　　　GZP 的词汇总量和上位层次词汇的相关性分析

|  | 词汇总量 | 上位层次词汇 |
|---|---|---|
| 词汇总量　　Pearson correlation<br>Sig.（2-tailed）<br>N | 1<br><br>9 | .536<br>.137<br>9 |
| 上位层次词汇　　Pearson correlation<br>Sig.（2-tailed）<br>N | .536<br>.137<br>9 | 1<br><br>9 |

通过采用 SPSS 13.0 对 GZP 的词汇总量和上位层次词汇进行相关性分析，结果显示，$r=.536$，$p=.137>.05$，应接受总体中这两个变量的相关系数为零的假设，故可以认为，GZP 的词汇总量和上位层次词汇之间呈不相关关系。

表 3.10　　　GZP 的词汇总量和基本层次词汇的相关性分析

|  | 词汇总量 | 基本层次词汇 |
|---|---|---|
| 词汇总量　　Pearson correlation<br>Sig.（2-tailed）<br>N | 1<br><br>9 | .992**<br>.000<br>9 |
| 基本层次词汇　　Pearson correlation<br>Sig.（2-tailed）<br>N | .992**<br>.000<br>9 | 1<br><br>9 |

**. Correlation is significant at the 0.01 level (2-tailed)

通过采用 SPSS 13.0 对 GZP 的词汇总量和基本层次词汇进行相关性分析，结果显示，$r=.992$，$p=.000<.01$，相关且具有统计学意义，由于相关系数的绝对值已经非常接近 1，说明两个变量线性相关程度非常大，故可以推出，GZP 的词汇总量和基本层次词汇之间存在极强的相关关系。

表 3.11　　　GZP 的词汇总量和下位层次词汇的相关性分析

|  | 词汇总量 | 下位层次词汇 |
|---|---|---|
| 词汇总量　　Pearson correlation<br>Sig.（2-tailed）<br>N | 1<br><br>9 | .776*<br>.014<br>9 |

续表

|  | 词汇总量 | 下位层次词汇 |
|---|---|---|
| 下位层次词汇　Pearson correlation<br>Sig. (2-tailed)<br>N | .776*<br>.014<br>9 | 1<br><br>9 |

＊. Correlation is significant at the 0.05 level (2-tailed)

通过采用 SPSS 13.0 对 GZP 的词汇总量和下位层次词汇进行相关性分析,结果显示,$r=.776$,$p=.014<.05$,相关且具有统计学意义,应拒绝总体中这两个变量的相关系数为零的假,故可以认为,GZP 的词汇总量和下位层次词汇之间存在相关关系。

综上所述,汉语儿童受试 GZP 的词汇总量和基本层次词汇之间存在相关关系,同时与下位层次词汇之间也呈相关关系,但是与上位层次词汇则表现为不相关关系。由此可知,汉语儿童受试 GZP 的词汇总量的发展是影响其习得基本层次词汇和下位层次词汇的重要因素,GZP 的词汇总量的发展与其基本层次词汇和下位层次词汇的习得之间有着紧密的联系,随着 GZP 词汇总量的快速发展,其习得的基本层次词汇和下位层次词汇也相应迅速增加。

由于在观察期内,汉语受试儿童 XWQ 并没有出现上位层次词汇的使用,所以无法对其进行词汇总量和上位层次词汇之间的相关性分析。

表 3.12　　XWQ 的词汇总量和基本层次词汇的相关性分析

|  | 词汇总量 | 基本层次词汇 |
|---|---|---|
| 词汇总量　Pearson correlation<br>Sig. (2-tailed)<br>N | 1<br><br>9 | .897**<br>.001<br>9 |
| 基本层次词汇　Pearson correlation<br>Sig. (2-tailed)<br>N | .897**<br>.001<br>9 | 1<br><br>9 |

＊＊. Correlation is significant at the 0.01 level (2-tailed)

通过采用 SPSS 13.0 对 XWQ 的词汇总量和基本层次词汇进行相

关性分析，结果显示，r=.897，p=.001<.01，相关且具有统计学意义，故得出结论，XWQ的词汇总量和基本层次词汇之间存在相关关系。

表3.13　XWQ的词汇总量和下位层次词汇的相关性分析

|  | 词汇总量 | 下位层次词汇 |
| --- | --- | --- |
| 词汇总量　Pearson correlation<br>Sig.（2-tailed）<br>N | 1<br><br>9 | .898**<br>.001<br>9 |
| 下位层次词汇　Pearson correlation<br>Sig.（2-tailed）<br>N | .898**<br>.001<br>9 | 1<br><br>9 |

**. Correlation is significant at the 0.01 level (2-tailed)

通过采用SPSS 13.0对XWQ的词汇总量和下位层次词汇进行相关性分析，结果显示，r=.898，p=.001<.01，应拒绝总体中这两个变量的相关系数为零的假设，故可以认为，XWQ的词汇总量和下位层次词汇之间存在相关关系。

综上所述，汉语儿童受试XWQ的词汇总量和基本层次词汇、下位层次词汇之间均存在相关关系，但是其词汇总量和上位层次词汇之间无法进行相关性分析。由此只能得出，随着受试XWQ的词汇总量的快速发展，其习得的基本层次词汇和下位层次词汇也相应迅速增加。

表3.14　YDZ的词汇总量和上位层次词汇的相关性分析

|  | 词汇总量 | 上位层次词汇 |
| --- | --- | --- |
| 词汇总量　Pearson correlation<br>Sig.（2-tailed）<br>N | 1<br><br>9 | .415<br>.267<br>9 |
| 上位层次词汇　Pearson correlation<br>Sig.（2-tailed）<br>N | .415<br>.267<br>9 | 1<br><br>9 |

通过采用SPSS 13.0对YDZ的词汇总量和上位层次词汇进行相关性分析，结果显示，r=.415，p=.267>.05，应接受总体中这两个变

量的相关系数为零的假设，故可以得出，YDZ 的词汇总量和上位层次词汇之间呈不相关关系。

表 3.15　YDZ 的词汇总量和基本层次词汇的相关性分析

|  | 词汇总量 | 基本层次词汇 |
|---|---|---|
| 词汇总量　Pearson correlation<br>Sig.（2-tailed）<br>N | 1<br><br>9 | .839**<br>.005<br>9 |
| 基本层次词汇　Pearson correlation<br>Sig.（2-tailed）<br>N | .839**<br>.005<br>9 | 1<br><br>9 |

**. Correlation is significant at the 0.01 level（2-tailed）

通过采用 SPSS 13.0 对 YDZ 的词汇总量和基本层次词汇进行相关性分析，结果显示，$r=.839$，$p=.005<.01$，应拒绝总体中这两个变量的相关系数为零的假设，故可以认为，YDZ 的词汇总量和基本层次词汇之间存在正相关关系。

表 3.16　YDZ 的词汇总量和下位层次词汇的相关性分析

|  | 词汇总量 | 下位层次词汇 |
|---|---|---|
| 词汇总量　Pearson correlation<br>Sig.（2-tailed）<br>N | 1<br><br>9 | .846**<br>.004<br>9 |
| 下位层次词汇　Pearson correlation<br>Sig.（2-tailed）<br>N | .846**<br>.004<br>9 | 1<br><br>9 |

**. Correlation is significant at the 0.01 level（2-tailed）

通过采用 SPSS 13.0 对 YDZ 的词汇总量和下位层次词汇进行相关性分析，结果显示，$r=.846$，$p=.004<.01$，相关且具有统计学意义，故可以认为，YDZ 的词汇总量和下位层次词汇之间存在相关关系。

综上所述，汉语儿童受试 YDZ 的词汇总量和基本层次词汇、下位层次词汇之间均存在相关关系，但是和上位层次词汇呈不相关关系。由此可知，受试 YDZ 的词汇总量的发展在很大程度上影响着儿童基本层次词汇和下位层次词汇的习得，YDZ 习得的基本层次词汇和下位层次词汇随着其词汇总量的增长而增长。

通过采用 SPSS 13.0 对 5 名汉语儿童受试的词汇总量和各范畴层次词汇进行相关性分析，我们发现 5 名汉语儿童受试的词汇总量的发展和各范畴层次词汇的发展之间存在一定的相关性，即儿童词汇总量的发展是影响儿童各范畴层次词汇发展的重要因素。其中，5 名汉语儿童受试的词汇总量和基本层次词汇、下位层次词汇之间均存在正相关关系，但是和上位层次词汇之间却呈不相关关系，这表明儿童词汇总量的发展对其基本层次词汇和下位层次词汇发展的影响要大于上位层次词汇，同时也说明，在儿童早期范畴词汇的发展过程中，儿童经历了一个从具体到抽象的认知过程，占主导地位的范畴层次词汇是基本层次词汇和下位层次词汇。

### 四　5 名汉语儿童受试名词层级词汇的总体分布

本研究对 5 名汉语儿童受试两岁前名词词汇的层级分布进行了统计，详细数据见表 3.17。

表 3.17　　汉语 5 名儿童受试范畴层次词汇的卡方值检验

| 受试年龄(月) | 上位 | 基本 | 下位 | 受试年龄(月) | 上位 | 基本 | 下位 | 受试年龄(月) | 上位 | 基本 | 下位 | 受试年龄(月) | 上位 | 基本 | 下位 | 受试年龄(月) | 上位 | 基本 | 下位 |
|---|---|---|---|---|---|---|---|---|---|---|---|---|---|---|---|---|---|---|---|
| LSY15 | 0 | 3 | 0 | AJR15 | 0 | 17 | 0 | GZP15 | 0 | 1 | 0 | XWQ15 | 0 | 1 | 0 | YDZ15 | 0 | 10 | 0 |
| LSY16 | 0 | 12 | 0 | AJR16 | 0 | 25 | 2 | GZP16 | 0 | 3 | 0 | XWQ16 | 0 | 2 | 0 | YDZ16 | 0 | 24 | 5 |
| LSY17 | 0 | 49 | 5 | AJR17 | 1 | 21 | 1 | GZP17 | 0 | 5 | 1 | XWQ17 | 0 | 4 | 0 | YDZ17 | 1 | 32 | 11 |
| LSY18 | 2 | 104 | 6 | AJR18 | 0 | 56 | 2 | GZP18 | 0 | 7 | 1 | XWQ18 | 0 | 11 | 1 | YDZ18 | 2 | 68 | 21 |
| LSY19 | 1 | 91 | 15 | AJR19 | 0 | 61 | 3 | GZP19 | 0 | 14 | 5 | XWQ19 | 0 | 44 | 1 | YDZ19 | 0 | 53 | 21 |
| LSY20 | 3 | 102 | 25 | AJR20 | 0 | 49 | 2 | GZP20 | 0 | 37 | 8 | XWQ20 | 0 | 50 | 0 | YDZ20 | 0 | 69 | 39 |
| LSY21 | 4 | 90 | 21 | AJR21 | 0 | 66 | 4 | GZP21 | 1 | 50 | 29 | XWQ21 | 0 | 55 | 1 | YDZ21 | 1 | 88 | 62 |
| LSY22 | 3 | 85 | 25 | AJR22 | 0 | 62 | 8 | GZP22 | 2 | 90 | 28 | XWQ22 | 0 | 51 | 4 | YDZ22 | 3 | 54 | 32 |

续表

| 受试年龄（月） | 上位 | 基本 | 下位 | 受试年龄（月） | 上位 | 基本 | 下位 | 受试年龄（月） | 上位 | 基本 | 下位 | 受试年龄（月） | 上位 | 基本 | 下位 | 受试年龄（月） | 上位 | 基本 | 下位 |
|---|---|---|---|---|---|---|---|---|---|---|---|---|---|---|---|---|---|---|---|
| LSY23 | 3 | 94 | 20 | AJR23 | 1 | 52 | 12 | GZP23 | 0 | 116 | 13 | XWQ23 | 0 | 66 | 5 | YDZ23 | 1 | 108 | 47 |
| $x^2=14.71$ $p=.001<.05$ ||||  $x^2=21.67$ $p=.000<.05$ |||| $x^2=14.18$ $p=.001<.05$ |||| $x^2=16.97$ $p=.000<.05$ |||| $x^2=17.20$ $p=.000<.05$ ||||

从表 3.17 中我们可以看出，在三类范畴层次词汇中，基本层次词汇的数目远远大于下位层次词汇和上位层次词汇的数目，且上位层次词汇的数目最少，下位层次词汇的数目居中。换而言之，在三类范畴层次词语中，儿童的基本层次词汇所占比重最大，其次是下位层次词汇和上位层次词汇。同时，卡方检验也进一步表明，5 名受试儿童三类范畴层次词语的分布具有显著性的差异，而且基本层次词语的数目占据绝对优势（LSY，$x^2=14.71$，$p=.001<.05$；AJR，$x^2=21.67$，$p=.000<.05$；GZP，$x^2=14.18$，$p=.001<.05$；XWQ，$x^2=16.97$，$p=.000<.05$；YDZ，$x^2=17.20$，$p=.000<.05$）。

## 五　5 名汉语儿童受试名词中各类范畴层次词汇的发展

在 5 名长期跟踪的汉语儿童受试数据中，由于 XWQ 和 YDZ 从 15—17 个月期间的数据缺失，导致这两名受试的数据收集不完整。LSY 的数据和 AJR 的数据收集最完整，因此研究者收集了这两名受试者从 15—23 个月期间名词中各类范畴层次词汇的使用数据。下面就先以 LSY 和 AJR 这两名受试的数据为例，分析并探究以汉语为母语的儿童在语言产出与语言理解两个层面上，早期名词发展过程中各类范畴层次词汇的习得和发展情况，尤其是基本层次词汇的习得和发展情况（见附录 7）。同时，本章节也将对 GZP、XWQ 和 YDZ 的名词中各类范畴层次词汇的使用情况进行描述和分析。

图 3.1 和图 3.2 分别描述了 LSY 和 AJR 从 15—23 个月期间名词中各类范畴层次词汇的发展状况。根据图表，在三类范畴层次词汇

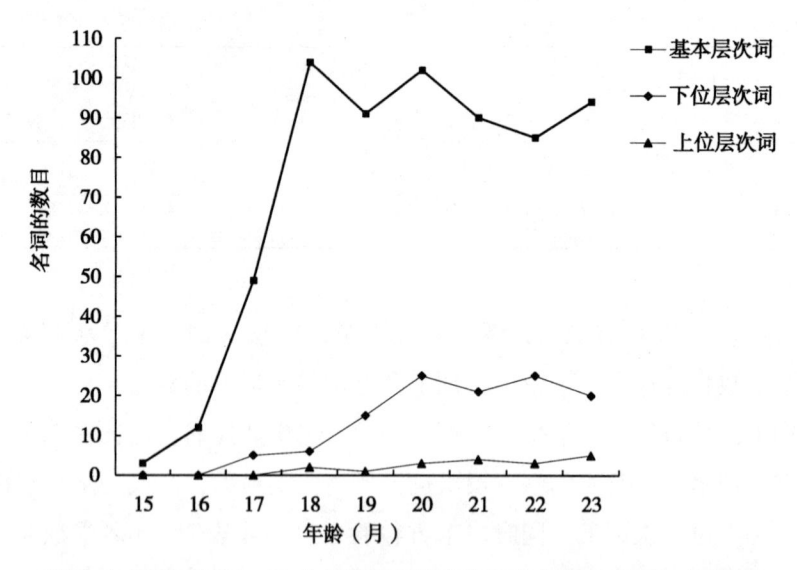

图 3.1 LSY 在 15—23 个月期间各类范畴层次词汇（类型）的发展

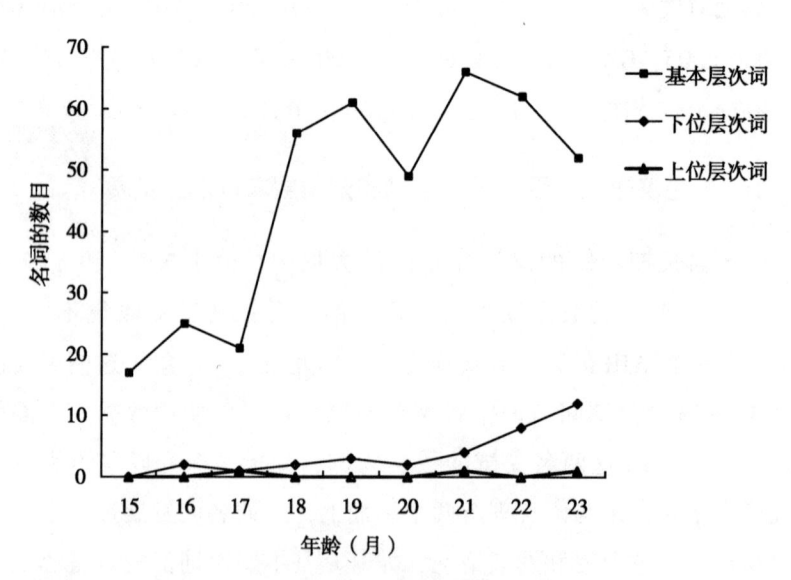

图 3.2 AJR 在 15—23 个月期间各类范畴层次词汇（类型）的发展

中，LSY 和 AJR 的基本层次词汇的出现时间最早，明显早于上位层次词汇和下位层次词汇，而且其发展速度极快。同时，LSY 和 AJR 的基本层次词汇的数目所占比重最大，远远大于下位层次词汇和上位层次词汇的数目,其中下位层次词汇的数目居中,上位层次词汇的数目最少。名词层级的发展主要表现为下位层次词汇的逐渐增加,LSY 和 AJR 的下位层次词汇均出现在 17 个月左右(LSY 在 17 个月零 9 天;AJR 在 16 个月 12 天),而且出现时间早于上位层次词汇。但是,值得注意的是,对这两个受试儿童而言,上位层次词汇在观察期内的产出量都非常少,词汇量从未超过 10 个。

图 3.3 描述了 GZP 从 15—23 个月期间名词中各类范畴层次词汇的发展状况。从图 3.3 中我们可以看出,从 18 个月开始,GZP 的基本层次词汇发展呈直线上升趋势,发展极为迅速。与下位层次词汇和上位层次词汇相比,其数目在总体上依然占据绝对优势,其中上位层次词汇的数目最少,下位层次词汇的数目居中。但是,值得注意的是,在观察期内,GZP 的上位层次词汇发展极为缓慢,而且数目极少。从出现时间来看,GZP 的基本层次词汇出现得最早,下位层次词汇出现在 19 个月左右,出现时间早于上位层次词汇,说明 GZP 的名词层级的发展较为显著。

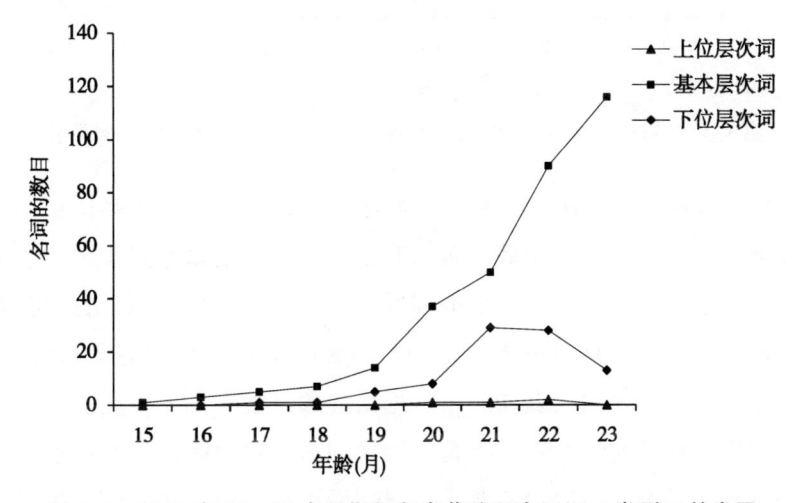

图 3.3 GZP 在 15—23 个月期间各类范畴层次词汇(类型)的发展

图 3.4 描述了 XWQ 从 15—23 个月期间名词中各类范畴层次词汇的发展状况。图表显示,XWQ 的基本层次词汇出现时间早,并且从

第 17 个月开始发展便极为迅速,数目也占据绝对优势,远远大于下位层次词汇和上位层次词汇的数目,其中上位层次词汇的数目最少,下位层次词汇的数目居中,但上位层次词汇的数目和下位层次词汇的数目之间相差甚少。在观察期内,XWQ 从第 19 个月开始习得下位层次词汇,习得时间要早于上位层次词汇,但是数量极少。同时值得注意的是,XWQ 习得上位层次词语非常困难,在观察期内产出数目为零个。

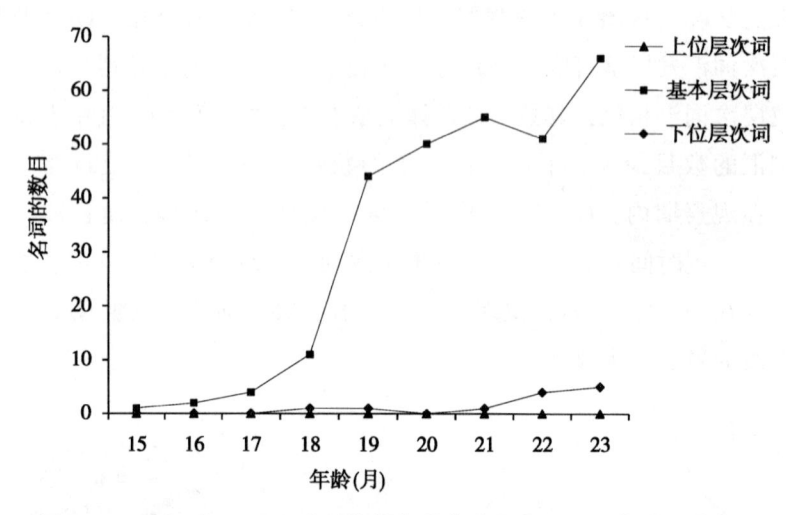

图 3.4 XWQ 在 15—23 个月期间各类范畴层次词汇（类型）的发展

图 3.5 描述了 YDZ 从 15—23 个月期间名词中各类范畴层次词汇的发展状况。从图 3.5 中我们可以看出,YDZ 习得基本层次词汇、上位层次词汇和下位层次词汇的时间并不存在巨大差异,但是在三类范畴层次词语中,YDZ 的基本层次词汇的数目远远大于下位层次词汇和上位层次词汇的数目,其中,上位层次的数目最少,下位层次词汇的数目居中。也就是说,在三类范畴层次词语中,YDZ 的基本层次词汇占据的比重最大,其次分别是下位层次词汇和上位层次词汇。但值得注意的是,其上位层次词语在观察期内的产出量非常少,数目为 1—3 个。

通过对个案跟踪研究实验中收集到的 5 名汉语儿童受试的数据进

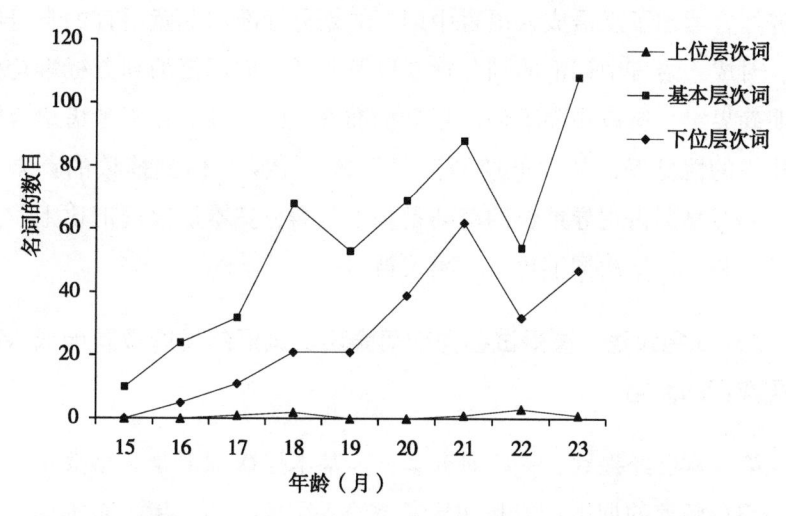

**图 3.5　YDZ 在 15—23 个月期间各类范畴层次词汇（类型）的发展**

行描述和分析，我们考察了汉语儿童在语言产出和语言理解两个层面上，早期名词发展过程中各类范畴层次词汇尤其是基本层次词汇的分布比例，以及它们的习得顺序和发展情况。从出现时间来看，5 名汉语儿童受试的基本层次词汇出现时间最早，均早于上位层次词汇和下位层次词汇，除了 YDZ 的上位层次词汇的出现时间与其下位层次词汇的出现时间一致之外，其余 4 名汉语儿童受试的下位层次词汇的出现时间均早于上位层次词汇的出现时间。从词汇数目来看，5 名汉语儿童受试的基本层次词汇的数目在其早期词汇中都占据主导地位，远远大于上位层次词汇和下位层次词汇的数目，其中下位层次词汇的数目居中，上位层次词汇的数目最少。儿童名词层级的发展主要表现为下位层次词汇的逐渐增加，但是，值得注意的是，5 位汉语儿童受试在观察期内产出的上位层次词语数量都非常少，词汇量少于 10 个。综上所述，基本层次词汇的发展对儿童早期词汇发展尤为重要，其数目在儿童早期词汇中占据主导地位，所占比重最大，同时其出现时间也早于其他两类范畴层次词汇，而且其发展速度快、实用性高、使用频率高，与上位范畴层次词汇、下位范畴层次词汇相比，基本层次词汇是最快被儿童习得的，也是最容易进入语言使用者心理词库的。本研究综合考虑了汉语成人语言中词汇的划分标准和儿童语言的自身特点,对成人语言中词汇的划分标准以及儿童早期词汇的划分标准均作了明确界定,所以排除了词汇划分标准不一的可能。在不考虑语言输入作用的情况下,儿童早期词汇习得是一个从具体到抽象的认知过程,儿童早期占主导地位的范畴是基本范畴,基本层次词汇比上位层次词汇和下位层次词汇更早、更快被习得。

## 六 5名汉语儿童受试名词中范畴层次词汇的发展及同期成人基本层次词的使用

第一章已经提到,一些研究者认为基本层次词汇是儿童最早习得和使用最频繁的词语,但是如果考虑输入所发挥的作用,基本层次词汇是否一定为儿童最早习得的词汇这一问题还存在争议(Mervis & Crisafi, 1982; Clark, 1993),他们认为儿童产出基本层次词汇的能力可能受到成人语言输入的影响。因此,本节详细对比了LSY和AJR两名汉语儿童受试以及成人同时期的普通名词和基本层次名词的使用情况,并分析了儿童与成人基本层次名词占普通名词的比率,以探究成人语言输入是否会影响儿童基本层次词汇的习得与发展。请见表3.18和表3.19。

表3.18　LSY 15—23个月期间基本层次词汇(类型)的
发展及同时期成人基本层次词的使用

| 年龄(月) | | 15 | 16 | 17 | 18 | 19 | 20 | 21 | 22 | 23 |
|---|---|---|---|---|---|---|---|---|---|---|
| 普通名词 | 儿童 | 3 | 12 | 54 | 112 | 107 | 130 | 115 | 113 | 119 |
| | 成人 | 99 | 60 | 134 | 151 | 109 | 146 | 95 | 122 | 107 |
| 基本层次名词 | 儿童 | 3 | 12 | 49 | 104 | 91 | 102 | 90 | 85 | 94 |
| | 成人 | 64 | 44 | 89 | 105 | 79 | 103 | 63 | 89 | 65 |
| 基本层次名词占普通名词的比率 | 儿童 | 100% | 100% | 91% | 93% | 85% | 78% | 78% | 75% | 79% |
| | 成人 | 65% | 73% | 66% | 70% | 72% | 71% | 66% | 73% | 61% |

表 3.19　　AJR 15—23 个月期间基本层次词汇（类型）的
发展及同时期成人基本层次词的使用

| 年龄（月） | | 15 | 16 | 17 | 18 | 19 | 20 | 21 | 22 | 23 |
|---|---|---|---|---|---|---|---|---|---|---|
| 普通名词 | 儿童 | 17 | 27 | 23 | 58 | 64 | 51 | 71 | 70 | 65 |
| | 成人 | 83 | 104 | 108 | 135 | 93 | 33 | 202 | 137 | 172 |
| 基本层次名词 | 儿童 | 17 | 25 | 21 | 56 | 61 | 49 | 66 | 62 | 52 |
| | 成人 | 58 | 75 | 78 | 98 | 67 | 24 | 136 | 92 | 106 |
| 基本层次名词占普通名词的比率 | 儿童 | 100% | 93% | 91% | 97% | 95% | 96% | 93% | 89% | 80% |
| | 成人 | 70% | 72% | 72% | 73% | 72% | 73% | 67% | 67% | 62% |

从表 3.18 中我们可以看出，虽然 LSY 的普通名词和基本层次名词的使用数目远远不及成人，而且其基本层次名词占普通名词的比率在 19 个月后呈现下滑的趋势，下降到了 75%—85%，但是 LSY 在 1 岁 6 个月前使用的 90% 以上的普通名词均属于基本层次词汇，但是成人的基本层次词汇始终维持在占普通名词总量比率的 61%—73% 的水平，明显低于汉语儿童受试 LSY 的比率，这证明 LSY 基本层次名词占普通名词的比率是远远高于成人的。从表 3.19 中我们可以看出，AJR 在 1 岁 9 个月前使用的 90% 以上的普通名词均属于基本层次词汇，而在此观察期间，成人的基本层次词汇始终占据普通名词总量比率的 62%—73%，也明显低于汉语受试儿童 AJR 的比率，这说明 AJR 使用的基本层次名词占普通名词的比率也远远高于成人。上述分析证明了儿童基本层次词汇的分布并不完全受成人语言输入的影响。

## 第二节　法语个案跟踪研究的主要发现

### 一　5 名法语儿童受试词汇总量的发展

从表 3.20 中我们可以看出，随着年龄的增长，5 名法语儿童的词汇总量在数目和发展速度方面均发生了较大的变化。从数目上来看，最初，5 名法语儿童受试者习得的词汇数目均较少，15 个月大时他们的词汇总量均不超过 15 个，其中，Theophile 的词汇总量甚至为零。但是，随着年龄的增长，5 名受试的词汇总量都呈现快速增长的态势，尽管偶有出现增长速度减慢的现象，但是儿童词汇习得的总量却是稳步增长的。根据数据显示，5 名法语受试儿童在 18 个月左右经历了一个词汇飞跃的阶段，之后他们习得的词汇量呈现逐渐增长的趋势。其中，Clara 和 Madeleine 的词汇总量的发展更为迅速，在 18 个月左右，这两名法语受试儿童习得词汇的能力得到了飞速的发展，词汇总量高达 200 多个。

表 3.20　　　　　　5 名法语儿童受试词汇总量的发展

| 年龄（月） | 受试词汇数目 ||||| 
|---|---|---|---|---|---|
| | Theophile | Clara | Pauline | Madeleine | Camille |
| 15 | 0 | 12 | 9 | 15 | 7 |
| 16 | 2 | 36 | 13 | 31 | 20 |
| 17 | 4 | 51 | 18 | — | 26 |
| 18 | 14 | 65 | 26 | 175 | 29 |
| 19 | 20 | 76 | 47 | 198 | 41 |
| 20 | 25 | 101 | 56 | — | 49 |
| 21 | 31 | 152 | 57 | 256 | 54 |
| 22 | 31 | 201 | 63 | 271 | 58 |
| 23 | 40 | 236 | 66 | 273 | 64 |

## 二　5 名法语儿童受试各范畴层次词汇的发展

表 3.21 描述了 5 名法语儿童受试者在 15—23 个月期间名词中各类范畴层次词汇的发展状况。从表 3.21 中我们可以了解到，在这 5 名法语儿童受试的早期词汇习得过程中，基本层次词汇、上位层次词汇和下位层次词汇这三种范畴层次词汇之间存在着明显的差异。从数目上来看，无论儿童处于何种年龄段，其基本层次词汇的数目所占比

重均最大,而且远远大于下位层次词汇和上位层次词汇的数目,其中下位层次词汇次之,上位层次词汇最少,在观察期内,5位法语受试的上位层次词汇数目均从未超过5个。此外,从出现时间上来看,5名法语受试儿童的基本层次词汇的出现时间均早于上位层次词汇和下位层次词汇,其中,下位层次词汇早于上位层次词汇。同时,从发展速度来看,5名汉语儿童受试基本层次词汇的发展速度都比上位层次词汇和下位层次词汇快。这表明,在儿童早期词汇发展过程中,基本层次词汇的习得占据着重要地位,儿童范畴能力的发展主要呈现为一个从具体到抽象的过程。

表 3.21　　　5 名法语儿童受试各范畴层次词汇的发展

| 年龄（月） | Theophile 上位 | Theophile 基本 | Theophile 下位 | Clara 上位 | Clara 基本 | Clara 下位 | Pauline 上位 | Pauline 基本 | Pauline 下位 | Madeleine 上位 | Madeleine 基本 | Madeleine 下位 | Camille 上位 | Camille 基本 | Camille 下位 |
|---|---|---|---|---|---|---|---|---|---|---|---|---|---|---|---|
| 15 | 0 | 0 | 0 | 0 | 7 | 1 | 0 | 19 | 0 | 0 | 9 | 0 | 0 | 8 | 1 |
| 16 | 0 | 2 | 0 | 0 | 41 | 0 | 0 | 31 | 0 | 0 | 25 | 0 | 0 | 22 | 0 |
| 17 | 0 | 3 | 0 | 0 | 32 | 3 | 0 | 14 | 0 | - | - | - | 0 | 27 | 0 |
| 18 | 2 | 19 | 0 | 0 | 16 | 0 | 0 | 24 | 0 | 0 | 225 | 0 | 0 | 36 | 0 |
| 19 | 0 | 40 | 0 | 1 | 17 | 1 | 0 | 45 | 0 | 2 | 163 | 7 | 0 | 42 | 0 |
| 20 | 0 | 25 | 0 | 0 | 54 | 0 | 0 | 51 | 0 | - | - | - | 0 | 43 | 0 |
| 21 | 0 | 21 | 0 | 2 | 101 | 4 | 0 | 23 | 0 | 1 | 273 | 24 | 0 | 29 | 1 |
| 22 | 0 | 46 | 0 | 0 | 106 | 1 | 1 | 64 | 0 | 0 | 224 | 6 | 0 | 25 | 1 |
| 23 | 0 | 53 | 0 | 3 | 113 | 1 | 1 | 44 | 3 | 0 | 152 | 0 | 1 | 43 | 3 |

### 三　5 名法语儿童受试词汇总量和各范畴层次词汇的相关性研究

上面两个章节分别对 5 名法语儿童受试的词汇总量以及各范畴层次词汇的发展情况作了详细地描述和分析,本章节则旨在通过考察这 5 名法语儿童受试的词汇总量与各范畴层次词汇之间的相关性以探究儿童词汇总量发展与儿童词汇范畴分类能力的发展之间的关系。

表 3.22　Theophile 的词汇总量和上位层次词汇的相关性分析

|  | 词汇总量 | 上位层次词汇 |
|---|---|---|
| 词汇总量　Pearson correlation<br>Sig. (2-tailed)<br>N | 1<br><br>9 | -.118<br>.762<br>9 |
| 上位层次词汇　Pearson correlation<br>Sig. (2-tailed)<br>N | -.118<br>.762<br>9 | 1<br><br>9 |

通过采用 SPSS13.0 对 Theophile 的词汇总量和上位层次词汇进行相关性分析，结果显示，$r=-.118$，$p=.762>.05$，应接受总体中这两个变量的相关系数为零的假设，因此可以认为，Theophile 的词汇总量和上位层次词汇之间呈不相关关系。

表 3.23　Theophile 的词汇总量和基本层次词汇的相关性分析

|  | 词汇总量 | 基本层次词汇 |
|---|---|---|
| 词汇总量　Pearson correlation<br>Sig. (2-tailed)<br>N | 1<br><br>9 | .890**<br>.001<br>9 |
| 基本层次词汇　Pearson correlation<br>Sig. (2-tailed)<br>N | .890**<br>.001<br>9 | 1<br><br>9 |

\*\*. Correlation is significant at the 0.01 level (2-tailed)

通过采用 SPSS 13.0 对 Theophile 的词汇总量和基本层次词汇进行相关性分析，结果显示，$r=.890$，$p=.001<.01$，应拒绝总体中这两个变量的相关系数为零的假设，故可以认为，Theophil 的词汇总量和基本层次词汇之间存在相关关系。

由于在观察期内，Theophile 并没有出现下位层次词汇的使用，故无法对其词汇总量和下位层次词汇进行相关性分析。

综上所述，法语儿童受试 Theophile 的词汇总量和基本层次词汇之间存在正相关关系，而和上位层次词汇之间呈不相关关系，同时和下位层次词汇之间无法进行相关性分析。由此可知，儿童基本层次词汇的数目随着词汇总量的扩大而迅速增加。

表 3.24　Clara 的词汇总量和上位层次词汇的相关性分析

|  | 词汇总量 | 上位层次词汇 |
| --- | --- | --- |
| 词汇总量　Pearson correlation<br>Sig.（2-tailed）<br>N | 1<br><br>9 | .680*<br>.044<br>9 |
| 上位层次词汇　Pearson correlation<br>Sig.（2-tailed）<br>N | .680*<br>.044<br>9 | 1<br><br>9 |

*. Correlation is significant at the 0.05 level（2-tailed）

通过采用 SPSS 13.0 对 Clara 的词汇总量和上位层次词汇进行相关性分析，结果显示，$r=.680$，$p=.044<.05$，应拒绝总体中这两个变量的相关系数为零的假设，所以可以得出，Clara 的词汇总量和上位层次词汇之间存在正相关关系。

表 3.25　Clara 的词汇总量和基本层次词汇的相关性分析

|  | 词汇总量 | 基本层次词汇 |
| --- | --- | --- |
| 词汇总量　Pearson correlation<br>Sig.（2-tailed）<br>N | 1<br><br>9 | .929**<br>.000<br>9 |
| 基本层次词汇　Pearson correlation<br>Sig.（2-tailed）<br>N | .929**<br>.000<br>9 | 1<br><br>9 |

**. Correlation is significant at the 0.01 level（2-tailed）

通过采用 SPSS 13.0 对 Clara 的词汇总量和基本层次词汇进行相关性分析，结果显示，$r=.929$，$p=.000<.01$，应拒绝总体中这两个变量的相关系数为零的假设，因为相关系数的绝对值越接近于 1，两个变量线性相关的程度则越大，所以 Clara 的词汇总量和基本层次词汇之间存在显著的正相关性。

表 3.26　Clara 的词汇总量和下位层次词汇的相关性分析

|  | 词汇总量 | 下位层次词汇 |
| --- | --- | --- |
| 词汇总量　Pearson correlation<br>Sig.（2-tailed）<br>N | 1<br><br>9 | .174<br>.654<br>9 |

续表

|  | 词汇总量 | 下位层次词汇 |
|---|---|---|
| 下位层次词汇　Pearson correlation<br>Sig.（2-tailed）<br>N | .174<br>.654<br>9 | 1<br><br>9 |

通过采用 SPSS 13.0 对 Clara 的词汇总量和下位层次词汇进行相关性分析，结果显示，$r=.174$，$p=.654>.05$，应接受总体中这两个变量的相关系数为零的假设，故可以认为，Clara 的词汇总量和下位层次词汇之间呈不相关关系。

综上所述，法语儿童受试 Clara 的词汇总量和基本层次词汇之间存在相关关系，和上位层次词汇之间也存在相关关系，但和基本层次词汇之间的相关性强于上位层次词汇，而和下位层次词汇呈不相关关系。由此可知，儿童词汇总量的发展与基本层次词汇增加之间存在较强的正相关关系。

表 3.27　Pauline 的词汇总量和上位层次词汇的相关性分析

|  | 词汇总量 | 上位层次词汇 |
|---|---|---|
| 词汇总量　Pearson correlation<br>Sig.（2-tailed）<br>N | 1<br><br>9 | .622<br>.073<br>9 |
| 上位层次词汇　Pearson correlation<br>Sig.（2-tailed）<br>N | .622<br>.073<br>9 | 1<br><br>9 |

通过采用 SPSS 13.0 对 Pauline 的词汇总量和上位层次词汇进行相关性分析，结果显示，$r=.622$，$p=.073>.05$，应接受总体中这两个变量的相关系数为零的假设，故可以认为，Pauline 的词汇总量和上位层次词汇之间呈不相关关系

表 3.28　Pauline 的词汇总量和基本层次词汇的相关性分析

|  | 词汇总量 | 基本层次词汇 |
|---|---|---|
| 词汇总量　Pearson correlation<br>Sig.（2-tailed）<br>N | 1<br><br>9 | .732*<br>.025<br>9 |

续表

|  | 词汇总量 | 基本层次词汇 |
|---|---|---|
| 基本层次词汇　Pearson correlation<br>Sig.（2-tailed）<br>N | .732*<br>.025<br>9 | 1<br><br>9 |

\*. Correlation is significant at the 0.05 level（2-tailed）

通过采用 SPSS 13.0 对 Pauline 的词汇总量和基本层次词汇进行相关性分析，结果显示，$r=.732$，$p=.025<.05$，应拒绝总体中这两个变量的相关系数为零的假设，故可以得出，Pauline 的词汇总量和基本层次词汇之间存在正相关关系。

表 3.29　Pauline 的词汇总量和下位层次词汇的相关性分析

|  | 词汇总量 | 下位层次词汇 |
|---|---|---|
| 词汇总量　Pearson correlation<br>Sig.（2-tailed）<br>N | 1<br><br>9 | .436<br>.240<br>9 |
| 下位层次词汇　Pearson correlation<br>Sig.（2-tailed）<br>N | .436<br>.240<br>9 | 1<br><br>9 |

通过采用 SPSS 13.0 对 Pauline 的词汇总量和下位层次词汇进行相关性分析，结果显示，$r=.436$，$p=.240>.05$，应接受总体中这两个变量的相关系数为零的假设，故可以认为，Pauline 的词汇总量和下位层次词汇之间呈不相关关系。

综上所述，法语儿童受试 Pauline 的词汇总量和基本层次词汇之间存在相关关系，而和上位层次词汇和下位层次词汇之间均呈不相关关系。由此可知，儿童词汇总量的发展往往伴随着儿童基本层次词汇的增加。

表 3.30　Madeleine 的词汇总量和上位层次词汇的相关性分析

|  | 词汇总量 | 上位层次词汇 |
|---|---|---|
| 词汇总量　Pearson correlation<br>Sig.（2-tailed）<br>N | 1<br><br>9 | .609<br>.146<br>9 |

续表

|  | 词汇总量 | 上位层次词汇 |
|---|---|---|
| 上位层次词汇　Pearson correlation<br>Sig.（2-tailed）<br>N | .609<br>.146<br>9 | 1<br><br>9 |

通过采用 SPSS 13.0 对 Madeleine 的词汇总量和上位层次词汇进行相关性分析，结果显示，$r=.609$，$p=.146>.05$，应接受总体中这两个变量的相关系数为零的假设，故可以认为，Madeleine 的词汇总量和上位层次词汇之间呈不相关关系。

表 3.31　Madeleine 的词汇总量和基本层次词汇的相关性分析

|  | 词汇总量 | 基本层次词汇 |
|---|---|---|
| 词汇总量　Pearson correlation<br>Sig.（2-tailed）<br>N | 1<br><br>9 | .870*<br>.011<br>9 |
| 基本层次词汇　Pearson correlation<br>Sig.（2-tailed）<br>N | .870*<br>.011<br>9 | 1<br><br>9 |

\*．Correlation is significant at the 0.05 level（2-tailed）

通过采用 SPSS 13.0 对 Madeleine 的词汇总量和基本层次词汇进行相关性分析，结果显示，$r=.870$，$p=.011<.05$，拒绝总体中这两个变量的相关系数为零的假设，故可以认为，Madeleine 的词汇总量和基本层次词汇之间存在正相关关系。

表 3.32　Madeleine 的词汇总量和下位层次词汇的相关性分析

|  | 词汇总量 | 下位层次词汇 |
|---|---|---|
| 词汇总量　Pearson correlation<br>Sig.（2-tailed）<br>N | 1<br><br>9 | .468<br>.290<br>9 |
| 下位层次词汇　Pearson correlation<br>Sig.（2-tailed）<br>N | .468<br>.290<br>9 | 1<br><br>9 |

通过采用SPSS 13.0对Madeleine的词汇总量和下位层次词汇进行相关性分析，结果显示，$r=.468$，$p=.290>.05$，应接受总体中这两个变量的相关系数为零的假设，故可以认为，Madeleine的词汇总量和下位层次词汇之间呈不相关关系。

综上所述，法语儿童受试Madeleine的词汇总量和基本层次词汇之间存在正相关关系，而与上位层次词汇和下位层次词汇均呈不相关关系。可见，儿童基本层次词汇的增加往往伴随其词汇总量的快速增长。

表3.33　　Camille的词汇总量和上位层次词汇的相关性分析

|  | 词汇总量 | 上位层次词汇 |
| --- | --- | --- |
| 词汇总量　　Pearson correlation<br>Sig.（2-tailed）<br>N | 1<br><br>9 | .657<br>.054<br>9 |
| 上位层次词汇　　Pearson correlation<br>Sig.（2-tailed）<br>N | .657<br>.054<br>9 | 1<br><br>9 |

通过采用SPSS 13.0对Camille的词汇总量和上位层次词汇进行相关性分析，结果显示，$r=.657$，$p=.054>.05$，应接受总体中这两个变量的相关系数为零的假设，故可以认为，Camille的词汇总量和上位层次词汇之间呈不相关关系。

表3.34　　Camille的词汇总量和基本层次词汇的相关性分析

|  | 词汇总量 | 基本层次词汇 |
| --- | --- | --- |
| 词汇总量　　Pearson correlation<br>Sig.（2-tailed）<br>N | 1<br><br>9 | .668*<br>.049<br>9 |
| 基本层次词汇　　Pearson correlation<br>Sig.（2-tailed）<br>N | .668*<br>.049<br>9 | 1<br><br>9 |

＊．Correlation is significant at the 0.05 level（2-tailed）

通过采用SPSS 13.0对Camille的词汇总量和基本层次词汇进行相

关性分析，结果显示，$r=.668$，$p=.049<.05$，应拒绝总体中这两个变量的相关系数为零的假设，故可以认为，Camille 的词汇总量和基本层次词汇之间存在正相关关系。

表 3.35　Camille 的词汇总量和下位层次词汇的相关性分析

|  | 词汇总量 | 下位层次词汇 |
|---|---|---|
| 词汇总量　　Pearson correlation<br>Sig.（2-tailed）<br>N | 1<br><br>9 | .513<br>.158<br>9 |
| 下位层次词汇　　Pearson correlation<br>Sig.（2-tailed）<br>N | .513<br>.158<br>9 | 1<br><br>9 |

通过采用 SPSS 13.0 对 Camille 的词汇总量和下位层次词汇进行相关性分析，结果显示，$r=.513$，$p=.158>.05$，应该接受总体中这两个变量的相关系数为零的假设，故可以认为，Camille 的词汇总量和下位层次词汇之间呈不相关关系。

综上所述，法语儿童受试 Camille 的词汇总量和基本层次词汇之间存在正相关关系，与上位层次词汇和下位层次词汇呈不相关关系。可见，儿童词汇总量的发展在很大程度上影响其基本层次词汇习得，儿童基本层次词汇的增加往往伴随其词汇总量的快速增长。

从上述分析中我们发现，5 名法语儿童受试者的词汇总量和基本层次词汇之间均存在正相关关系，而与其上位层次词汇和下位层次词汇则呈不相关关系或者无法进行相关性分析（除了 Clara 的词汇总量和上位层次词汇之间存在相关关系），这表明儿童词汇总量的发展与基本层次词汇发展之间的关系要大大紧密于词汇总量的发展与上位层次词汇或下位层次词汇发展之间的关系。这进一步表明，在儿童早期词汇发展过程中，基本层次词汇始终占据着主导地位。

四　5 名法语儿童受试名词层级词语的总体分布

本研究对 5 名法语儿童受试者两岁前名词词语的层级分布进行了

统计，详细情况见表3.36.

表3.36  5名法语儿童受试范畴层次词语的卡方值检验

| 受试年龄（月） | 上位 | 基本 | 下位 | 受试年龄（月） | 上位 | 基本 | 下位 | 受试年龄（月） | 上位 | 基本 | 下位 | 受试年龄（月） | 上位 | 基本 | 下位 | 受试年龄（月） | 上位 | 基本 | 下位 |
|---|---|---|---|---|---|---|---|---|---|---|---|---|---|---|---|---|---|---|---|
| Theophile15 | 0 | 0 | 0 | Clara15 | 0 | 7 | 1 | Pauline15 | 0 | 19 | 0 | Madeleine15 | 0 | 9 | 0 | Camille15 | 0 | 8 | 1 |
| Theophile16 | 0 | 2 | 0 | Clara16 | 0 | 41 | 0 | Pauline16 | 0 | 31 | 0 | Madeleine16 | 0 | 25 | 0 | Camille16 | 0 | 22 | 0 |
| Theophile17 | 0 | 3 | 0 | Clara17 | 0 | 32 | 3 | Pauline17 | 0 | 14 | 0 | — | | | | Camille17 | 0 | 27 | 0 |
| Theophile18 | 2 | 19 | 0 | Clara18 | 0 | 16 | 0 | Pauline18 | 0 | 24 | 0 | Madeleine18 | 0 | 225 | 0 | Camille18 | 0 | 36 | 0 |
| Theophile19 | 0 | 40 | 0 | Clara19 | 1 | 17 | 1 | Pauline19 | 0 | 45 | 0 | Madeleine19 | 2 | 163 | 7 | Camille19 | 0 | 42 | 0 |
| Theophile20 | 0 | 25 | 0 | Clara20 | 0 | 54 | 0 | Pauline20 | 0 | 51 | 0 | — | | | | Camille20 | 0 | 43 | 0 |
| Theophile21 | 0 | 21 | 0 | Clara21 | 2 | 101 | 4 | Pauline21 | 0 | 23 | 0 | Madeleine21 | 1 | 273 | 24 | Camille21 | 0 | 29 | 1 |
| Theophile22 | 0 | 46 | 0 | Clara 2 | 0 | 106 | 1 | Pauline22 | 1 | 64 | 0 | Madeleine22 | 0 | 224 | 6 | Camille22 | 1 | 25 | 1 |
| Theophile23 | 0 | 53 | 0 | Clara23 | 3 | 113 | 1 | Pauline23 | 1 | 44 | 3 | Madeleine23 | 0 | 152 | 0 | Camille23 | 1 | 43 | 3 |
| | $x^2=14.81$ $p=.001<.05$ ||| | $x^2=21.55$ $p=.000<.05$ ||| | $x^2=14.27$ $p=.001<.05$ ||| | $x^2=16.86$ $p=.000<.05$ ||| | $x^2=17.28$ $p=.000<.05$ |||

从表3.36我们可以得出，在三类范畴层次词语中，5名法语儿童受试的基本层次词汇所占比重最大，其次分别是下位层次和上位层次词汇（Theophile的上位层次词汇数目高于下位层次词汇数目）。卡方检验也进一步表明，5名法语儿童受试三类范畴层次词语的分布具有显著性的差异，而且基本层次词汇的数目占据绝对优势（Theophile，$x^2=14.81$，$p=.001<.05$；Clara，$x^2=21.55$，$p=.000<.05$；Pauline，$x^2=14.27$，$p=.001<.05$；Madeleine，$x^2=16.86$，$p=.000<.05$；Camille，$x^2=17.28$，$p=.000<.05$）。

## 五  5名法语儿童受试名词中各类范畴层次词汇的发展

本章节详细描述和分析了5名法语受试儿童早期名词中各类范畴层次词汇的习得和发展情况。在这5个受试的数据中，Madeleine的数据收集不完整，缺失其17—19个月的相关数据。

图3.6描述了受试儿童Theophile从15—23个月期间名词中各类

范畴层次词汇的发展状况。根据图表显示,在三类范畴层次词汇中,Theophile 的基本层次词汇的出现时间要早于上位层次词汇和下位层次词汇,从考察期的一开始也就是第 15 个月时便有了发展。从 17 个月开始,其基本层次词汇的数目发展极为迅速,虽然在第 19—21 个月时有一定的下滑现象,但从整体上来说还是呈现上升趋势的。从数量上来说,基本层次词汇的数目占据绝对优势,远远大于下位层次词汇和上位层次词汇的数目,最多时高达 50 多个。相反,在早期词汇发展过程中,Theophile 的上位层次词汇和下位层次词汇的产出量非常少,而且发展也极为缓慢。在观察期间,其上位层次词汇仅在第 18 个月的时候出现 2 个,而其下位层次词汇量始终为零,这充分体现出在该儿童的范畴层次词汇发展过程中,其基本层次词汇占据主导地位,而其他两类词汇尤其是下位层次词汇习得难度高,出现频率低。

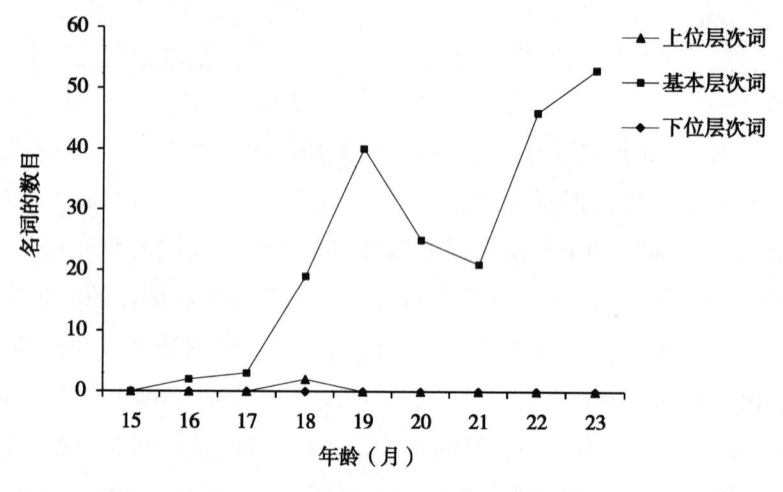

**图 3.6　Theophile 在 15—23 个月期间各类范畴层次词汇(类型)的发展**

图 3.7 描述了受试儿童 Clara 从 15—23 个月期间名词中各类范畴层次词汇的发展状况。根据图表显示,该受试儿童的基本层次词汇的发展在整体上呈现上升趋势,虽然在 16—18 个月期间有过短暂的下滑,但在 19 个月之后又恢复了向上发展的状态,且发展势头良好,词汇产出量最多能达到 110 个左右,而且从图 3.7 中我们也可以看

出，基本层次词汇的出现时间最早。相反，与基本层次词汇的发展趋势相比，上位层次词汇与下位层次词汇在考察期间内出现时间较晚，出现频率极低，数目都少于 10 个，其中下位层次词汇的出现时间早于上位层次词汇，而且其数目也大于上位层次词汇，可见上下位层次词汇的习得，尤其是上位层次词汇的习得，对该名受试来说具有一定的挑战性。

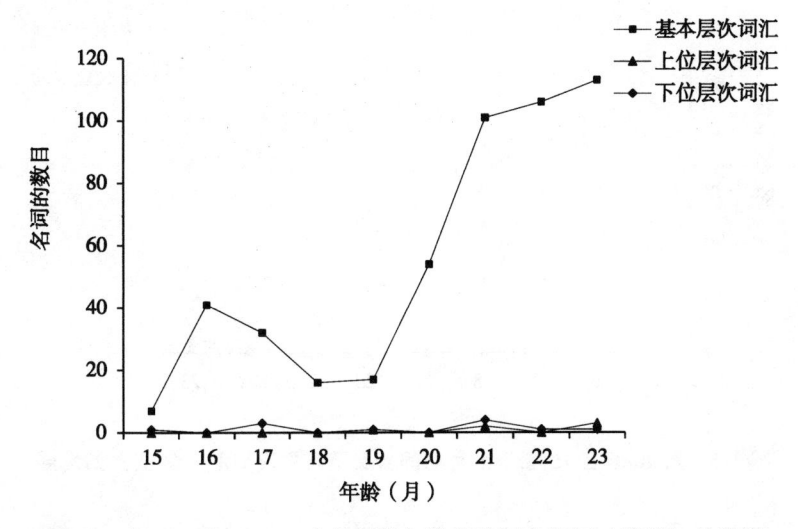

图 3.7　Clara 在 15—23 个月期间各类范畴层次词汇（类型）的发展

图 3.8 描述了受试儿童 Pauline 从 15—23 个月期间名词中各类范畴层次词汇的发展状况。图表显示，Pauline 的基本层次词汇的发展趋势虽不稳定，在某些时期还出现过一定的下滑趋势，但从整体上来看，其发展趋势与发展数目还是可观的。与下位层次词汇和上位层次词汇相比，基本层次词汇在数目上占据了绝对优势，最高时能产出词汇量 65 个左右，远远大于上位层次词汇和下位层次词汇的数目。而在其他两类范畴词汇中，我们发现上位层次词汇和下位层次词汇的数目均非常少，只出现了 1—3 个，其中值得关注的是，上位层次词汇的产出量最少，一定程度上反映了在该受试儿童的各类范畴层次词汇的发展中，上位层次词汇的习得难度最大。同时，

由图3.8中我们可以看出，与上下位词汇相比，基本层次词汇的出现时间最早，其次分别是上位层次词汇和下位层次词汇。在考察初始阶段即第15个月时Pauline的基本层次词汇就差不多达到了20个，发展速度也比较迅速，充分验证了其在三类范畴层次词汇中的主导地位。

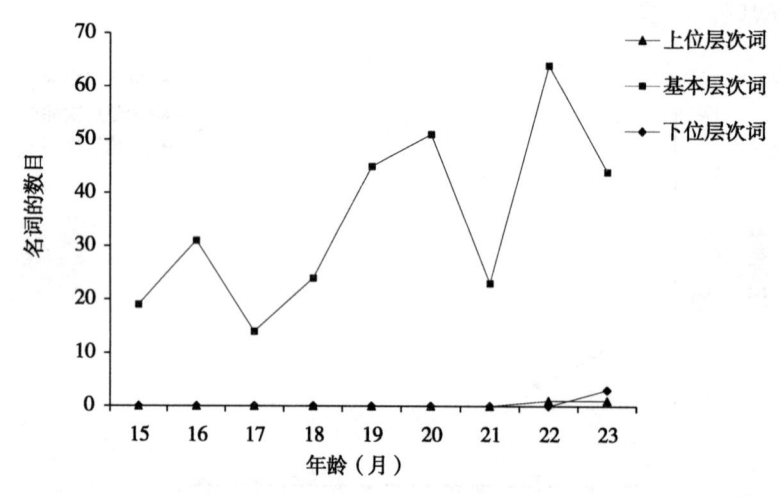

图3.8 Pauline在15—23个月期间各类范畴层次词汇（类型）的发展

图3.9描述了受试儿童Madeleine从15—23个月期间名词中各类范畴层次词汇的发展状况。从整体上来看，由于Madeleine的数据收集不完整，所以图表显示其基本层次词汇的发展趋势并不客观，在16—17个月、18—20个月及21—23个月这三个时期均出现了明显的下滑，产出数目甚至降到了零个。但值得关注的是，与其他两类范畴层次词汇相比，基本层次词汇的发展在数目上始终是占据绝对优势的，且远远大于下位层次词汇和上位层次词汇的数目，词汇量最多时甚至达到了270个，这在其同龄儿童中都是非常罕见的，显示其惊人的语言天赋。其中上位层次词汇的数目最少，在该受试儿童接受考察的年龄段期间，基本产出数目为零，而下位层次词汇在18个月开始有了一定的发展，词汇量最多时也能够达到25个，较上位层次词汇的零产出与零发展，下位层次词汇在该儿童的词汇发展过程中还是占

据了一定的优势。

300
250
200
150
100
50
0

名词的数目

15  16  17  18  19  20  21  22  23
年龄（月）

▲ 上位层次词
■ 基本层次词
◆ 下位层次词

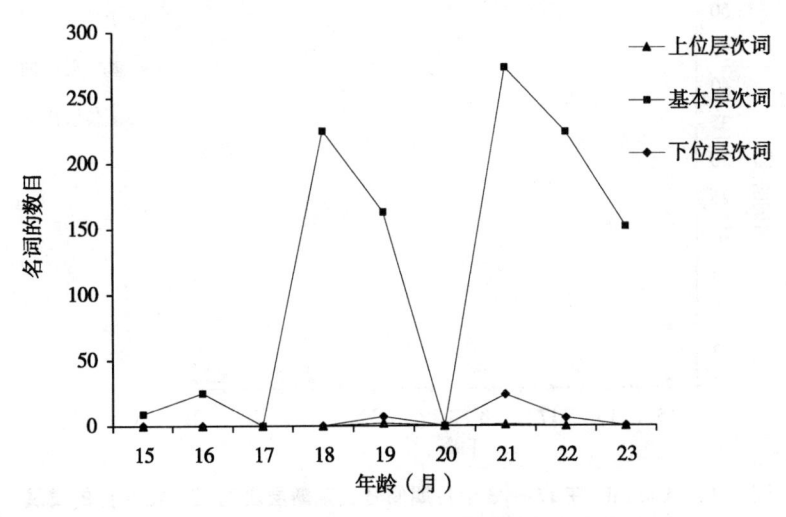

图 3.9　Madeleine 在 15—23 个月期间各类范畴
层次词汇（类型）的发展

图 3.10 描述了受试儿童 Camille 从 15—23 个月期间名词中各类范畴层次词汇的发展状况。图表显示，在三类范畴层次词语中，Camille 的基本层次词汇的发展在整体上呈现上升趋势，所占比重最大，词汇量最高时能达到 45 个，远远大于上位层次词汇和下位层次词汇的产出数量。在产出时间上，其基本层次词汇显示出绝对优势，出现时间早于其他两类范畴层次词汇。反观上位层次词汇与下位层次词汇，发展趋势并不明显，均只在短期内出现过 1—3 个的词汇量，出现时间也较晚，其中下位层次词汇早于上位层次词汇。

通过对 5 名法语儿童受试的数据进行详细的描述和分析，本研究考察了在儿童早期名词的发展过程中，各类范畴层次词汇分布比例，以及它们的习得顺序和发展情况。根据数据显示，从范畴层次词汇产出的数量上来说，与上位层次词汇和下位层次词汇相比，5 名法语儿童受试的基本层次词汇的数目在其早期词汇中均占据主导地位，所占比重最大。此外，除了 Theophile 上位层次词汇的数目多于下位层次

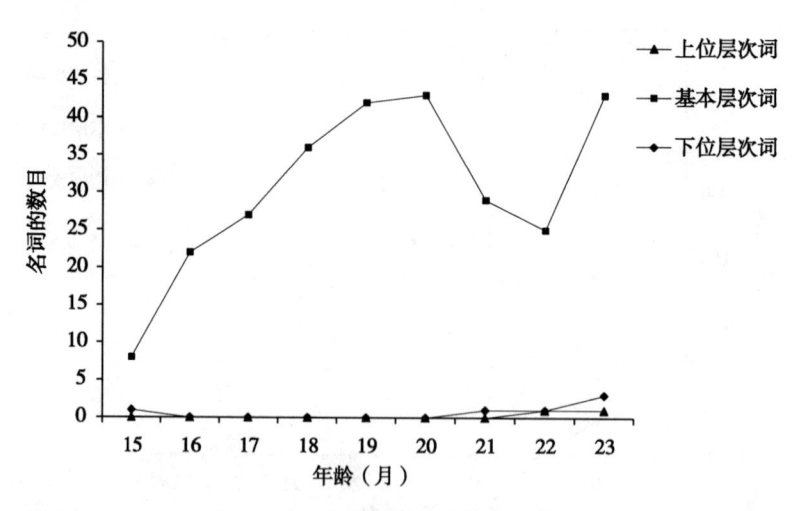

图 3.10 Camille 在 15—23 个月期间各类范畴层次词汇（类型）的发展

词汇的数目，其他 4 名受试儿童的下位层次词汇的数目次之，上位层次词汇的数目最少。从范畴层次词汇产出的时间上来看，在观察期内，5 名受试的基本层次词汇均出现最早，明显早于上位层次词汇和下位层次词汇，而且上下位层次词汇出现的时间则不尽相同。其中 Theophile 和 Pauline 的上位层次词汇的出现时间早于下位层次词汇，而 Clara 和 Camille 的情况则相反，即上位层次词汇的出现时间晚于下位层次词汇。由于 Madeleine 的数据收集不完整，所以其上下位层次词汇的产出时间无法确定。综上所述，基本层次词汇的发展在儿童早期词汇发展中是十分重要的。与上位层次词汇和下位层次词汇相比，其数目在儿童早期词汇中所占比重最大，占据主导地位，同时其出现时间也最早，发展速度也最快。综上所述，本研究认为，儿童早期词汇习得是一个从具体到抽象的认知过程，基本层次词汇在儿童早期词汇习得的过程中占据主导地位，它比上位层次词汇和下位层次词汇相比更早、更快被儿童习得。

## 第三节　日语个案跟踪研究的主要发现

### 一　5名日语儿童受试词汇总量的发展

从表3.37中我们可以看出，5名日语儿童受试最初的词语数目均较少，在16—17个月时词汇总量的数目均不超过30个。但是当跨越某个时间点后便呈现增长态势。根据数据显示，5名日语儿童受试在18个月之前，每月的词汇量均不超过30个，而18个月左右是这5名受试早期词汇发展的分水岭，儿童经历了一个词汇飞跃的阶段，之后他们习得的词汇量呈现逐渐增长趋势。其中，Hiromi和Tekaru的词汇总量的发展更为迅速，在18个月左右，这2名日语儿童受试习得新词汇的能力得到了迅速发展，词汇总量稳步快速上升。

表3.37　　　　5名日语儿童受试词汇总量的发展

| 年龄（月） | 受试词汇数目 ||||| 
|---|---|---|---|---|---|
|  | Ryo | Aki | Hiromi | Tekaru | Noji |
| 16 | 16 | 12 | 13 | 7 | 10 |
| 17 | 30 | 23 | 18 | 10 | 21 |
| 18 | 49 | 35 | 47 | 44 | 36 |
| 19 | 69 | 51 | 95 | 86 | 52 |
| 20 | 107 | 70 | 129 | 118 | 93 |
| 21 | 113 | 98 | 152 | 139 | 119 |
| 22 | 120 | 110 | 197 | 165 | 135 |
| 23 | 135 | 127 | 218 | 188 | 158 |
| 24 | 150 | 139 | 231 | 206 | 170 |

### 二　5名日语儿童受试各范畴层次词汇的发展

表3.38描述了5名日语儿童受试从15—23个月期间名词中各类范畴层次词汇的发展状况。从表3.38中我们可以看出，5名日语儿

童受试的基本层次词汇发展迅速，出现时间均早于上位层次词汇和下位层次词汇，其中，下位层次词汇早于上位层次词汇。从数目上来看，基本层次词汇在儿童早期词汇中占据主导地位，远远大于下位层次词汇和上位层次词汇的数目，其中下位层次词汇的数目居中，上位层次词汇的数目最少。但值得注意的是，5名日语儿童受试的上位层次词语在观察期内的产出量均非常少，词汇量均未超过10个。

表3.38　　　　5名日语儿童受试各范畴层次词汇的发展

| 年龄（月） | Ryo 上位 | Ryo 基本 | Ryo 下位 | Aki 上位 | Aki 基本 | Aki 下位 | Hiromi 上位 | Hiromi 基本 | Hiromi 下位 | Tekaru 上位 | Tekaru 基本 | Tekaru 下位 | Noji 上位 | Noji 基本 | Noji 下位 |
|---|---|---|---|---|---|---|---|---|---|---|---|---|---|---|---|
| 15 | 1 | 10 | 2 | | | | | | | | | | | | |
| 16 | 1 | 22 | 4 | 0 | 9 | 1 | 0 | 8 | 2 | 0 | 5 | 1 | 1 | 5 | 3 |
| 17 | 2 | 32 | 8 | 1 | 14 | 3 | 0 | 13 | 2 | 1 | 6 | 3 | 0 | 13 | 4 |
| 18 | 3 | 45 | 11 | 1 | 23 | 4 | 4 | 32 | 5 | 4 | 26 | 8 | 1 | 20 | 11 |
| 19 | 5 | 74 | 10 | 2 | 38 | 6 | 2 | 78 | 10 | 5 | 48 | 14 | 2 | 34 | 10 |
| 20 | 3 | 97 | 6 | 2 | 55 | 5 | 3 | 97 | 14 | 4 | 74 | 21 | 2 | 57 | 24 |
| 21 | 2 | 102 | 8 | 4 | 73 | 10 | 4 | 123 | 12 | 7 | 91 | 24 | 4 | 71 | 30 |
| 22 | 4 | 121 | 5 | 3 | 90 | 8 | 5 | 161 | 19 | 2 | 99 | 20 | 3 | 87 | 26 |
| 23 | 4 | 136 | 6 | 4 | 101 | 7 | 6 | 180 | 21 | 4 | 112 | 33 | 3 | 102 | 21 |
| 24 | | | | 5 | 115 | 12 | 8 | 191 | 16 | 2 | 137 | 17 | 5 | 114 | 19 |

## 三　5名日语儿童受试词汇总量和各范畴层次词汇的相关性分析

表3.39　　　Ryo的词汇总量和上位层次词汇的相关性分析

| | 词汇总量 | 上位层次词汇 |
|---|---|---|
| 词汇总量　Pearson correlation<br>Sig.（2-tailed）<br>N | 1<br><br>9 | .771*<br>.015<br>9 |

续表

|  | 词汇总量 | 上位层次词汇 |
|---|---|---|
| 上位层次词汇　Pearson correlation<br>Sig.（2-tailed）<br>N | .771*<br>.015<br>9 | 1<br><br>9 |

\*. Correlation is significant at the 0.05 level (2-tailed)

通过采用 SPSS 13.0 对日语受试儿童 Ryo 的词汇总量和上位层次词汇进行相关性分析，结果显示，$r=.771$，$p=.015<.05$，应拒绝总体中这两个变量的相关系数为零的假设，故可以认为，Ryo 的词汇总量和上位层次词汇呈现出相关关系。

表 3.40　Ryo 的词汇总量和基本层次词汇的相关性分析

|  | 词汇总量 | 基本层次词汇 |
|---|---|---|
| 词汇总量　Pearson correlation<br>Sig.（2-tailed）<br>N | 1<br><br>9 | .986**<br>.000<br>9 |
| 基本层次词汇　Pearson correlation<br>Sig.（2-tailed）<br>N | .986**<br>.000<br>9 | 1<br><br>9 |

\*\*. Correlation is significant at the 0.01 level (2-tailed)

通过采用 SPSS 13.0 对日语受试儿童 Ryo 的词汇总量和基本层次词汇进行相关性分析，结果显示，$r=.986$，$p=.000<.01$，应拒绝总体中这两个变量的相关系数为零的假设，因为相关系数的绝对值越接近于 1，则两个变量间线性相关的程度越大，所以我们认为，Ryo 的词汇总量和基本层次词汇的发展两者紧密相关。

表 3.41　Ryo 的词汇总量和下位层次词汇的相关性分析

|  | 词汇总量 | 下位层次词汇 |
|---|---|---|
| 词汇总量　Pearson correlation<br>Sig.（2-tailed）<br>N | 1<br><br>9 | .259<br>.441<br>9 |
| 下位层次词汇　Pearson correlation<br>Sig.（2-tailed）<br>N | .259<br>.441<br>9 | 1<br><br>9 |

通过采用SPSS 13.0对日语受试儿童Ryo的词汇总量和下位层次词汇进行相关性分析，结果显示，$r=.259$，$p=.441>.05$，$p$值偏高，显著性意义不明显，应接受总体中这两个变量的相关系数为零的假设，故可以认为，Ryo的词汇总量和下位层次词汇之间的关系呈现为不相关。

综上所述，日语受试儿童Ryo的词汇总量和基本层次词汇及上位层次词汇之间存在较强的正相关关系，和下位层次词汇之间存在非线性相关关系。由此得知，儿童词汇总量的发展是影响其基本层次词汇习得的重要因素。

表3.42　　Aki的词汇总量和上位层次词汇的相关性分析

|  | 词汇总量 | 上位层次词汇 |
| --- | --- | --- |
| 词汇总量　　Pearson correlation<br>Sig.（2-tailed）<br>N | 1<br><br>9 | .946**<br>.000<br>9 |
| 上位层次词汇　　Pearson correlation<br>Sig.（2-tailed）<br>N | .946**<br>.000<br>9 | 1<br><br>9 |

\*\*. Correlation is significant at the 0.01 level（2-tailed）

通过采用SPSS 13.0对日语受试儿童Aki的词汇总量和上位层次词汇进行相关性分析，结果显示，$r=.946$，$p=.000<.01$，经检验总体中这两个变量的相关系数为零的假设不成立，因为相关系数的绝对值越接近于1，则两个变量线性相关的程度则越大，所以Aki的词汇总量和上位层次词汇存在紧密的相关关系。

表3.43　　Aki的词汇总量和基本层次词汇的相关性分析

|  | 词汇总量 | 基本层次词汇 |
| --- | --- | --- |
| 词汇总量　　Pearson correlation<br>Sig.（2-tailed）<br>N | 1<br><br>9 | .998**<br>.000<br>9 |
| 基本层次词汇　　Pearson correlation<br>Sig.（2-tailed）<br>N | .998**<br>.000<br>9 | 1<br><br>9 |

\*\*. Correlation is significant at the 0.01 level（2-tailed）

通过采用 SPSS 13.0 对日语受试儿童 Aki 的词汇总量和基本层次词汇进行相关性分析，结果显示，$r=.998$，$p=.000<.01$，应拒绝总体中这两个变量的相关系数为零的假设，因为相关系数的绝对值愈接近 1，则两个变量间关系越近，相关程度越大，故可以得出结论，Aki 的词汇总量和基本层次词汇两者间紧密相关。

**表 3.44　　Aki 的词汇总量和下位层次词汇的相关性分析**

|  | 词汇总量 | 下位层次词汇 |
| --- | --- | --- |
| 词汇总量　　Pearson correlation<br>Sig.（2-tailed）<br>N | 1<br><br>9 | .896**<br>.001<br>9 |
| 下位层次词汇　Pearson correlation<br>Sig.（2-tailed）<br>N | .896**<br>.001<br>9 | 1<br><br>9 |

\*\*．Correlation is significant at the 0.01 level（2-tailed）

通过采用 SPSS 13.0 对日语受试儿童 Aki 的词汇总量和下位层次词汇进行相关性分析，结果显示，$r=.896$，$p=.001<.01$，相关具有统计学意义，所以可以认为，Aki 的词汇总量和下位层次词汇存在密切相关关系。

综上所述，日语受试儿童 Aki 的词汇总量和各类范畴层次词汇之间都存在紧密的相关关系，其中，词汇总量和基本层次词汇呈现的相关性最为显著。所以，儿童词汇总量的发展是影响范畴各层次词汇特别是基本范畴层次词汇习得的重要因素。

**表 3.45　　Hiromi 的词汇总量和上位层次词汇的相关性分析**

|  | 词汇总量 | 上位层次词汇 |
| --- | --- | --- |
| 词汇总量　　Pearson correlation<br>Sig.（2-tailed）<br>N | 1<br><br>9 | .898**<br>.001<br>9 |
| 上位层次词汇　Pearson correlation<br>Sig.（2-tailed）<br>N | .898**<br>.001<br>9 | 1<br><br>9 |

\*\*．Correlation is significant at the 0.01 level（2-tailed）

通过采用 SPSS 13.0 对日语受试儿童 Hiromi 的词汇总量和上位层次词汇进行相关性分析，结果显示，$r=.898$，$p=.001<.01$，具有显著性意义，即总体中这两个变量的相关系数为零的假设不成立，故可以推出，Hiromi 的词汇总量和上位层次词汇两者间密切相关。

表 3.46　Hiromi 的词汇总量和基本层次词汇的相关性分析

|  | 词汇总量 | 基本层次词汇 |
| --- | --- | --- |
| 词汇总量　　Pearson correlation<br>Sig.（2-tailed）<br>N | 1<br><br>9 | .999**<br>.000<br>9 |
| 基本层次词汇　Pearson correlation<br>Sig.（2-tailed）<br>N | .999**<br>.000<br>9 | 1<br><br>9 |

**. Correlation is significant at the 0.01 level (2-tailed)

通过采用 SPSS 13.0 对日语受试儿童 Hiromi 的词汇总量和基本层次词汇进行相关性分析，结果显示，$r=.999$，$p=.000<.01$，应拒绝总体中这两个变量的相关系数为零的假设，因为相关系数的绝对值越接近于 1，则两个变量线性相关的程度则越大，故可以得出，Hiromi 的词汇总量和基本层次词汇呈现为紧密相关关系。

表 3.47　Hiromi 的词汇总量和下位层次词汇的相关性分析

|  | 词汇总量 | 下位层次词汇 |
| --- | --- | --- |
| 词汇总量　　Pearson correlation<br>Sig.（2-tailed）<br>N | 1<br><br>9 | .958**<br>.000<br>9 |
| 下位层次词汇　Pearson correlation<br>Sig.（2-tailed）<br>N | .958**<br>.000<br>9 | 1<br><br>9 |

**. Correlation is significant at the 0.01 level (2-tailed)

通过采用 SPSS 13.0 对日语受试儿童 Hiromi 的词汇总量和下位层次词汇进行相关性分析，结果显示，$r=.958$，$p=.000<.01$，经检验相关具有统计学意义，故可以认为，Hiromi 的词汇总量和下位层次词汇呈紧密相关关系。

综上所述，日语受试儿童 Hiromi 的词汇总量和各类范畴层次词汇都存在相关关系，其中和基本层次词汇之间呈现的相关性最为显著。由此得出，儿童词汇总量的发展是影响其范畴层次词汇习得的重要方面。

表 3.48　　Tekaru 的词汇总量和上位层次词汇的相关性分析

|  | 词汇总量 | 上位层次词汇 |
| --- | --- | --- |
| 词汇总量　　Pearson correlation<br>Sig.（2-tailed）<br>N | 1<br><br>9 | .479<br>.192<br>9 |
| 上位层次词汇　　Pearson correlation<br>Sig.（2-tailed）<br>N | .479<br>.192<br>9 | 1<br><br>9 |

通过采用 SPSS 13.0 对日语受试儿童 Tekaru 的词汇总量和上位层次词汇进行相关性分析，结果显示，$r=.479$，$p=.192>.05$，经检验，总体中这两个变量的相关系数为零的假设具有合理性，故可以认为，Tekaru 的词汇总量和上位层次词汇不相关。

表 3.49　　Tekaru 的词汇总量和基本层次词汇的相关性分析

|  | 词汇总量 | 基本层次词汇 |
| --- | --- | --- |
| 词汇总量　　Pearson correlation<br>Sig.（2-tailed）<br>N | 1<br><br>9 | .996**<br>.000<br>9 |
| 基本层次词汇　　Pearson correlation<br>Sig.（2-tailed）<br>N | .996**<br>.000<br>9 | 1<br><br>9 |

**. Correlation is significant at the 0.01 level (2-tailed)

通过采用 SPSS 13.0 对日语受试儿童 Tekaru 的词汇总量和基本层次词汇进行相关性分析，结果显示，$r=.996$，$p=.000<.01$，应拒绝总体中这两个变量的相关系数为零的假设，因为相关系数的绝对值越接近于1，则两个变量线性相关的程度越大，故可以认为，Tekaru 的词汇总量的发展和基本层次词汇的增长存在密切的正相关关系。

表 3.50    Tekaru 的词汇总量和下位层次词汇的相关性分析

|  | 词汇总量 | 下位层次词汇 |
| --- | --- | --- |
| 词汇总量　　Pearson correlation<br>Sig.（2-tailed）<br>N | 1<br><br>9 | .861**<br>.003<br>9 |
| 下位层次词汇　　Pearson correlation<br>Sig.（2-tailed）<br>N | .861**<br>.003<br>9 | 1<br><br>9 |

\*\*. Correlation is significant at the 0.01 level（2-tailed）

通过采用 SPSS 13.0 对日语受试儿童 Tekaru 的词汇总量和下位层次词汇进行相关性分析，结果显示，$r=.861$，$p=.003<.01$，相关具有统计学意义，故可以认为，Tekaru 的词汇总量的发展和下位层次词汇紧密相关。

综上所述，日语受试儿童 Tekaru 的词汇总量的增长和基本层次词汇及下位层次词汇的增加都存在正相关关系，其中和基本层次词汇之间呈现的相关性最为显著，但是和上位层次词汇之间不存在相关关系。所以我们可以说，儿童基本层次词汇的快速增长总是伴随着其词汇总量的快速发展。

表 3.51    Noji 的词汇总量和上位层次词汇的相关性分析

|  | 词汇总量 | 上位层次词汇 |
| --- | --- | --- |
| 词汇总量　　Pearson correlation<br>Sig.（2-tailed）<br>N | 1<br><br>9 | .898**<br>.001<br>9 |
| 上位层次词汇　　Pearson correlation<br>Sig.（2-tailed）<br>N | .898**<br>.001<br>9 | 1<br><br>9 |

\*\*. Correlation is significant at the 0.01 level（2-tailed）

通过采用 SPSS 13.0 对日语受试儿童 Noji 的词汇总量和上位层次词汇进行相关性分析，结果显示，$r=.898$，$p=.001<.01$，两者发展相关且具有显著性意义，应拒绝总体中这两个变量的相关系数为零的假设，故可以认为，Noji 的词汇总量和上位层次词汇的发展紧密

相关。

表 3.52　Noji 的词汇总量和基本层次词汇的相关性分析

|  | 词汇总量 | 基本层次词汇 |
|---|---|---|
| 词汇总量　Pearson correlation<br>Sig.（2-tailed）<br>N | 1<br><br>9 | .998**<br>.000<br>9 |
| 基本层次词汇　Pearson correlation<br>Sig.（2-tailed）<br>N | .998**<br>.000<br>9 | 1<br><br>9 |

**. Correlation is significant at the 0.01 level (2-tailed)

通过采用 SPSS 13.0 对日语受试儿童 Noji 的词汇总量和基本层次词汇进行相关性分析，结果显示，$r=.998$，$p=.000<.01$，应拒绝总体中这两个变量的相关系数为零的假设，因为联系系数的绝对值越接近于 1，则表明两个变量间关系越近，相关的程度则越大，故可以认为，Noji 的词汇总量和基本层次词汇的发展之间存在紧密相关关系。

表 3.53　Noji 的词汇总量和下位层次词汇的相关性分析

|  | 词汇总量 | 下位层次词汇 |
|---|---|---|
| 词汇总量　Pearson correlation<br>Sig.（2-tailed）<br>N | 1<br><br>9 | .808**<br>.008<br>9 |
| 下位层次词汇　Pearson correlation<br>Sig.（2-tailed）<br>N | .808**<br>.008<br>9 | 1<br><br>9 |

**. Correlation is significant at the 0.01 level (2-tailed)

通过采用 SPSS 13.0 对日语受试儿童 Noji 的词汇总量和下位层次词汇进行相关性分析，结果显示，$r=.808$，$p=.001<.01$，两者相关具有统计学意义，故可以认为，Noji 的词汇总量和下位层次词汇发展两者密切相关。

综上所述，日语受试儿童 Noji 的词汇总量和各类范畴层次词汇都存在很强的正相关关系，其中和基本层次词汇之间呈现的相关性最为显著。从而，儿童词汇总量的发展是影响其基本层次词汇习得的重要因素。

从总体上来看，5名日语儿童受试词汇总量的发展和各范畴层次词汇的发展之间存在一定的相关性，即儿童词汇总量的发展是影响儿童各范畴层次词汇发展的重要因素。此外，儿童词汇总量和基本层次词汇之间存在密切的相关关系，同时与其上位层次词汇和下位层次词汇也呈现相关关系，但是与基本层次词汇的相关性要强于上位层次词汇和下位层次词汇，表明儿童词汇总量的发展对其基本层次词汇的发展的影响要大于对其上位层次词汇和下位层次词汇的发展，同时也可以看出，在儿童早期词汇发展过程中，基本层次词汇始终占据着主导地位。

### 四 5名日语儿童受试名词层级词语的总体分布

本研究对5名日语受试儿童两岁前名词词语的层级分布进行了统计，统计结果见表3.54。

表3.54　　5名日语儿童受试范畴层次词语的卡方值检验

| 受试年龄(月) | 上位 | 基本 | 下位 | 受试年龄(月) | 上位 | 基本 | 下位 | 受试年龄(月) | 上位 | 基本 | 下位 | 受试年龄(月) | 上位 | 基本 | 下位 | 受试年龄(月) | 上位 | 基本 | 下位 |
|---|---|---|---|---|---|---|---|---|---|---|---|---|---|---|---|---|---|---|---|
| Ryo15 | 1 | 10 | 2 | Aki16 | 0 | 9 | 1 | Hiromi16 | 0 | 8 | 2 | Tekaru16 | 0 | 5 | 1 | Noji16 | 1 | 5 | 3 |
| Ryo16 | 1 | 22 | 4 | Aki17 | 1 | 14 | 3 | Hiromi17 | 0 | 13 | 2 | Tekaru17 | 1 | 6 | 3 | Noji17 | 0 | 13 | 4 |
| Ryo17 | 2 | 32 | 8 | Aki18 | 1 | 23 | 4 | Hiromi18 | 4 | 32 | 5 | Tekaru18 | 4 | 26 | 8 | Noji18 | 1 | 20 | 11 |
| Ryo18 | 3 | 45 | 11 | Aki19 | 2 | 38 | 6 | Hiromi19 | 2 | 78 | 10 | Tekaru19 | 5 | 48 | 14 | Noji19 | 2 | 34 | 10 |
| Ryo19 | 5 | 74 | 10 | Aki20 | 2 | 55 | 9 | Hiromi20 | 3 | 97 | 14 | Tekaru20 | 4 | 74 | 21 | Noji20 | 2 | 57 | 24 |
| Ryo20 | 3 | 97 | 6 | Aki21 | 4 | 73 | 10 | Hiromi21 | 4 | 123 | 12 | Tekaru21 | 7 | 91 | 24 | Noji21 | 4 | 71 | 30 |
| Ryo21 | 2 | 102 | 8 | Aki22 | 3 | 90 | 6 | Hiromi22 | 5 | 161 | 19 | Tekaru22 | 5 | 99 | 20 | Noji22 | 3 | 87 | 26 |
| Ryo22 | 4 | 121 | 5 | Aki23 | 4 | 101 | 7 | Hiromi23 | 6 | 180 | 21 | Tekaru23 | 4 | 112 | 33 | Noji23 | 3 | 102 | 21 |
| Ryo23 | 4 | 136 | 6 | Aki24 | 5 | 115 | 12 | Hiromi24 | 8 | 191 | 16 | Tekaru24 | 2 | 137 | 17 | Noji24 | 5 | 114 | 19 |
| $x^2=14.61$ $p=.001<.05$ | | | | $x^2=21.664$ $p=.001<.05$ | | | | $x^2=14.361$ $p=.001<.05$ | | | | $x^2=16.750$ $p=.001<.05$ | | | | $x^2=17.257$ $p=.001<.05$ | | | |

结果显示，在三类范畴层次词语中，5名日语儿童的基本层次词汇的比重均最大，其次是下位层次和上位层次词语。卡方检验进一步表明，受试儿童三类层次词语的分布具有显著性的差异，基本层次词语的数目占据绝对优势（Ryo, $x^2 = 14.61$, $p = .001 < .05$; Aki, $x^2 = 21.664$, $p = .000 < .05$; Hiromi, $x^2 = 14.361$, $p = .001 < .05$; Tekaru, $x^2 = 16.750$, $p = .000 < .05$; Noji, $x^2 = 17.257$, $p = .000 < .05$）。

## 五　5名日语儿童受试名词中各类范畴层次词汇的发展

图3.11描述了儿童受试Ryo从15—23个月期间名词中各类范畴层次词汇的发展状况。从图表3.11中我们可以明显地看出，Ryo的基本层次词汇的数目整体呈上升趋势，与下位层次词汇及上位层次词汇相比，其数目在总体上占据绝对优势，远远大于下位层次词汇和上位层次词汇的数目，情况最佳的时候受试能掌握130多个名词。而反观上位层次词汇与下位层次词汇，其出现频率是微乎其微的，尤其是上位层次词汇在15—23个月这个年龄段，几乎没有出现，这说明受试儿童在此时期缺乏产出上位层次词汇的能力，也就更好地验证了我们之前所提到的观点，即基本层次词汇在早期儿童词汇中占据绝大多

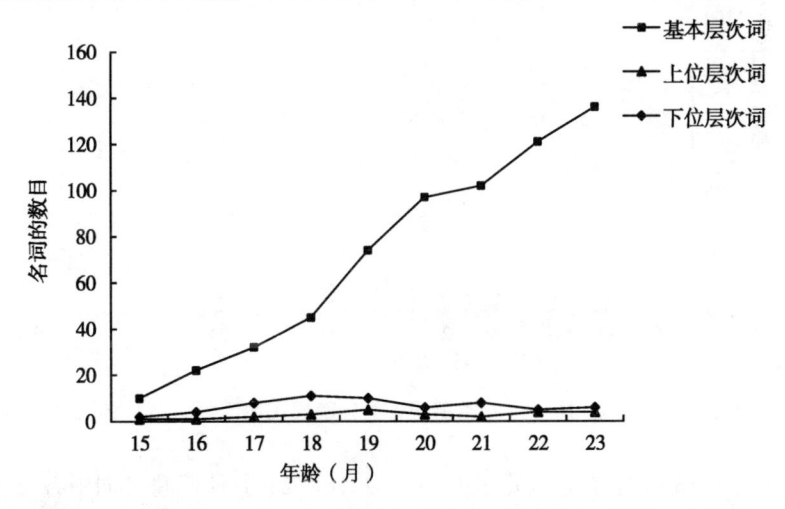

图3.11　Ryo在15—23个月期间各类范畴层次词汇（类型）的发展

数，而上位层次词汇范畴则需较晚才能习得。图表也显示下位层次词汇在 Ryo 处于 17—19 个月时得到了发展，继而又恢复到了初始状态，说明下位层次词汇的习得还是受到了一定的限制，发展缓慢。纵观整个图表，我们也可以发现，本名日语儿童在我们所考察的年龄段内名词数目在三种类型的范畴层次词汇产出量较少，从未超过 10 个。

图 3.12 描述了受试儿童 Aki 从 16—24 个月期间名词中各类范畴层次词汇的发展状况。图表显示，与上位层次词汇与下位层次词汇相比，Aki 的基本层次词汇的数目在整体上占据绝对优势，且总体上呈现上升趋势。而对于上下位层次词汇的习得情况，数目几乎为零，据此我们可以推断出该受试儿童基本上没有足以产出这两类词汇的能力，所以上位层次词汇与下位层次词汇在我们记录的日常对话中很少出现。虽然不能根据本名受试儿童的数据来与上下位层次词汇出现的频率作比较，但已充分说明在儿童的各类范畴层次词汇的习得中基本层次词汇所占的比重之大。

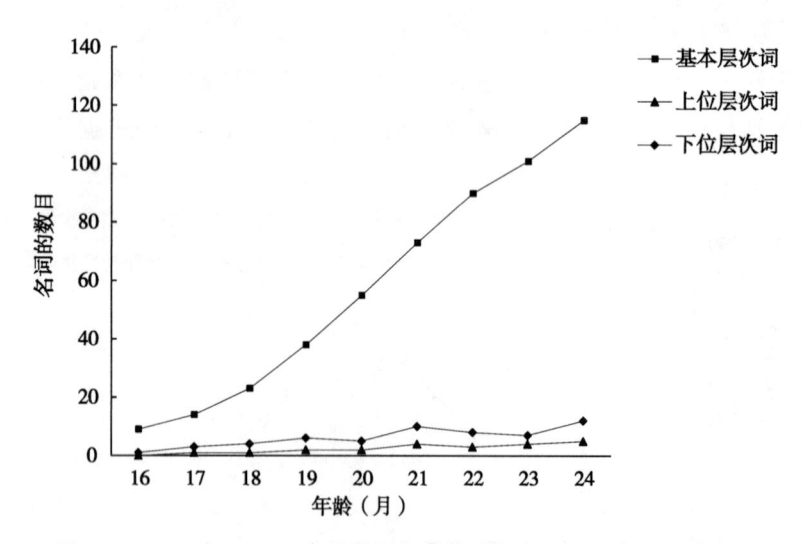

图 3.12 Aki 在 16—24 个月期间各类范畴层次词汇（类型）的发展

图 3.13 描述了受试儿童 Hiromi 从 16—24 个月期间名词中各类范畴层次词汇的发展状况。图表显示，在该年龄段期间，Hiromi 习得基

本层次词词汇在整体上呈现上升趋势，且在数目上占据绝对优势，在 24 个月左右，产出的名词数目接近 200。而对比上位层次词与下位层次词的发展状况，可以得知这两种类型的词汇发展缓慢，且对受试儿童来说习得的难度较大，所以产出的比重较之基本层次词汇来说非常小。由图表所展示的数据可知，在 16—24 个月期间，Hiromi 对于上下位层次词的产出基本为零。

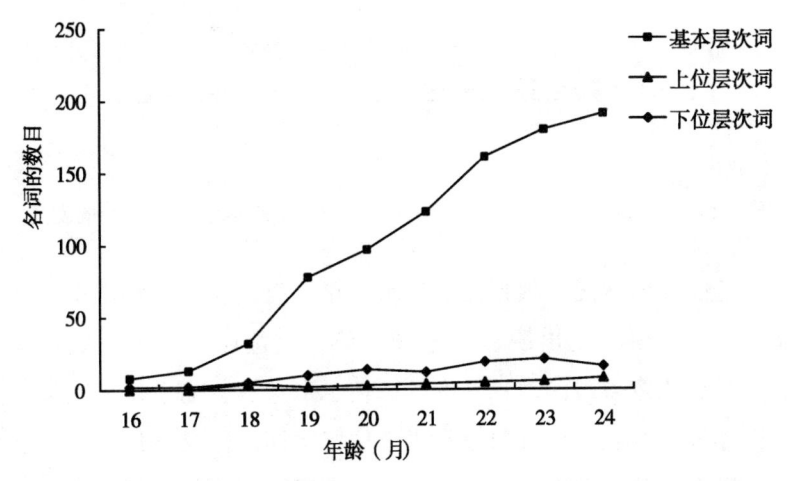

图 3.13　Hiromi 在 16—24 个月期间各类范畴层次词汇（类型）的发展

图 3.14 描述了受试儿童 Tekaruz 在 16—24 个月期间名词中各类范畴层次词汇的发展状况。据图表显示可知，从整体上来看，虽然在 16—17 个月期间有过短暂的下滑，但该儿童在基本层次词汇的产出上整体呈现上升趋势。在数目上，与上下位层次词汇相比，基本层次词汇也占据了绝对的优势，而且 Tekaruz 习得名词的数目相比同龄儿童来说是相当可观的，最多时能达到 130 个，这在我们之前的记录中都是未曾出现的。对于下位层次词汇，出现在 Tekaruz 的 16—24 个月期间，而上位层次词汇基本上很少出现。我们可以推断出对于 Tekaruz 来说，较上位层次词汇而言，下位层次词汇的习得更加容易。

图 3.15 描述了受试儿童 Noji 在 16—24 个月期间名词中各类范畴

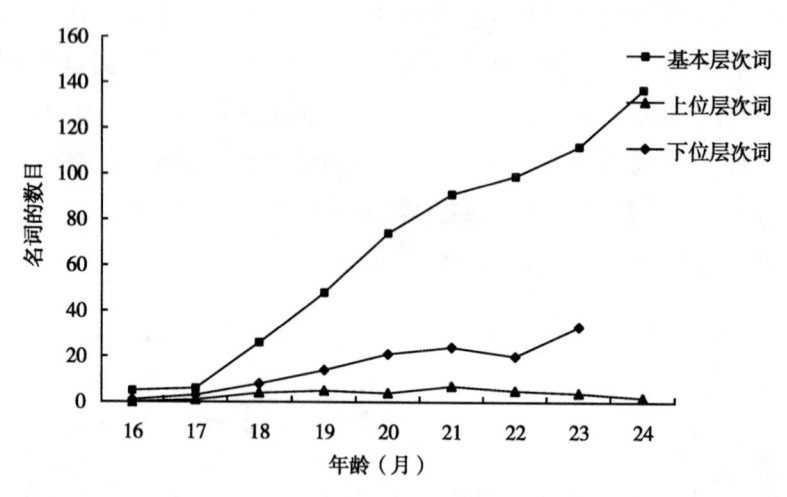

图 3.14　Tekaru 在 16—24 个月期间各类范畴层次词汇（类型）的发展

层次词汇的发展状况。根据图表显示，在三类范畴层次词汇中，基本层次词汇的习得呈现出明显的上升趋势，上位层次词汇发展趋于平缓，该受试儿童习得的数目基本维持在 5 个左右，而下位层次词汇的发展大体呈上升趋势，其数目高于上位层次词汇但又远低于基本层次词汇。以上现象表明在儿童习得各类范畴层次词汇的发展期间，基本层次词汇始终占据最大比重，优势明显，而下位层次词汇习得比重次之，上位层次词汇习得比重则更小。

　　通过对个案跟踪研究实验中收集到的 5 名日语儿童受试的数据进行描述和分析，我们重点考察了日语儿童在语言产出层面上，早期名词发展中各类范畴层次词汇的习得和发展情况，尤其是基本层次词汇的习得和发展情况。由实验数据我们可以得出，与上位层次词汇和下位层次词汇相比，5 名日语儿童受试的基本层次词汇出现时间较早，且发展大体呈现上升趋势，其数目在儿童早期词汇中也占据主导地位，远远大于下位层次词汇和上位层次词汇的数目，较之下位层次词汇而言，上位层次词汇出现的数目最少，5 名日语受试的上位层次词汇在观察期内的产出量均非常少，词汇量从未超过 10 个，说明上位层次词汇对受试儿童来说产出的难度较大。结果显

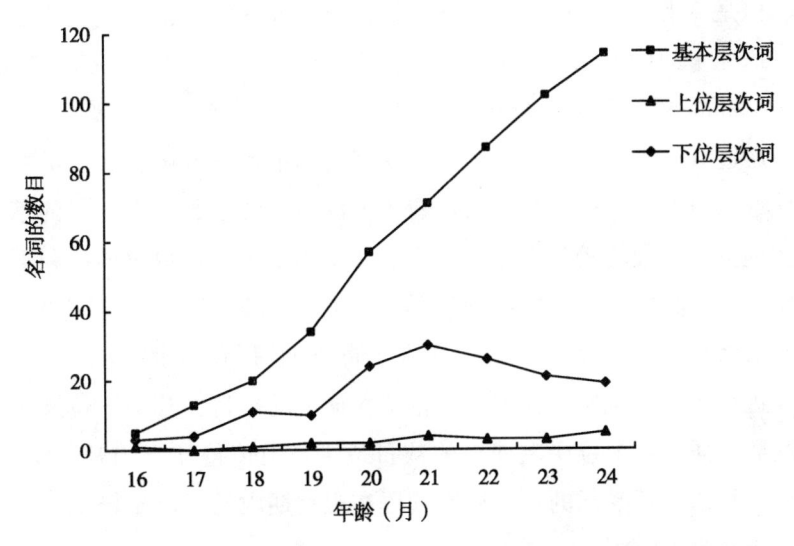

图 3.15　Noji 在 16—24 个月期间各类范畴层次词汇（类型）的发展

示，基本层次词汇的发展在儿童早期词汇发展中处于重要地位，而且具有实用性高、使用频率高、最快被儿童习得以及最容易进入语言使用者的心理词库等特点。名词层级的发展则主要表现为下位层次词的逐渐增加。

## 第四节　汉语、法语、日语儿童词汇总量发展和范畴分类能力发展的异同

本研究分别对 5 名汉语、法语、日语儿童进行了个案跟踪研究，并对相关数据进行了采集和分析。本部分将对汉语、法语、日语儿童的词汇总量发展和范畴分类能力发展的异同进行分析。

数据显示，汉语、法语、日语儿童最初的词汇总量均较少，但是随着年龄的增长，儿童习得词汇的数目便呈现稳步增长的态势。通过分析，我们发现汉语、法语、日语儿童在 18 个月左右都会经历一个词汇飞跃的阶段，之后他们习得的词汇量便呈现逐渐增长的趋势，虽然偶尔也有速度减慢的现象，但是其习得词汇的总量却是稳步增长

的。但是值得注意的是，同一年龄段的汉语儿童的词汇总量大于法语和日语儿童的词汇总量，其中，3名法语受试儿童（Theophile、Pauline、Camille）的词汇总量在观察期内比其他受试者要少得多。

通过对汉语、法语、日语儿童受试名词中各类范畴层次词汇的发展状况的研究与分析，我们可以看出，汉语、法语、日语儿童的基本层次词汇的发展均较为迅速，出现时间也均早于上位层次词汇和下位层次词汇，其中，下位层次词汇早于上位层次词汇。从数目上来看，基本层次词汇在汉语、法语、日语儿童早期习得的词中均占主导地位，远远大于下位层次词汇和上位层次词汇的数目，其中下位层次词汇的数目居中，上位层次词汇的数目最少。但值得注意的是，汉语、法语、日语儿童受试的上位层次词语在观察期内的产出量极少，词汇量均未超过10个。

通过对汉语、法语、日语儿童的词汇总量和各范畴层次词汇进行相关性分析，我们发现，汉语儿童的词汇总量和基本层次词汇、下位层次词汇之间的相关关系比上位层次词汇强，这表明了儿童词汇总量的发展对其基本层次词汇和下位层次词汇的发展的影响比其对上位层次词汇发展的影响大；法语儿童的词汇总量和基本层次词汇相关关系要强于和上位层次词汇与下位层次词汇，表明儿童词汇总量的发展对基本层次词汇发展的影响大于对上位层次词汇和下位层次词汇发展的影响；日语儿童的词汇总量和各范畴层次词汇的相关性都很强，但是其基本层次词汇的相关性最强，说明儿童词汇总量的发展对其基本层次词汇影响要大于对其上位层次词汇和下位层次词汇的发展。综上所述，在儿童早期词汇发展过程中，基本层次词汇的发展不仅占据优势地位，具有实用性、具体性等特点，而且最快被儿童习得、最易进入语言使用者的心理词库。

## 第五节　小结

本章着重对个案跟踪研究中所收集的数据进行了深入的描述与分

析，为了将数据表现得更为直观，我们主要通过折线图以及图表的形式来展现。

我们首先分别考察了汉语、法语、日语5名受试儿童词汇总量的发展状况、各范畴层次词汇发展的情况、词汇总量和各范畴层次词汇的相关性情况。数据显示，汉语、法语、日语中以汉语的词汇总量优势明显，各类范畴词汇中基本层次词汇始终占据主导地位，与上位和下位词语相比，基本层次词语在习得顺序、能产性和使用频率上都具有一定的优势性。研究也在一定程度上证实了儿童最先习得基本范畴层次，继而习得下位和上位范畴层次。三种语言中受试儿童词汇总量的发展与各类范畴层次词汇有着密切的相关关系，其中词汇总量与基本层次词汇之间的相关性尤为显著。

随后我们分析了名词层级词语的总体分布情况、名词中各类范畴层次词汇的发展情况。数据显示，在汉语、日语、法语三种语言中，各范畴层次词汇中基本层次词汇的发展始终处于优势地位，主要表现在出现时间较早，所占数目比重最大，发展情况从整体上看呈上升趋势。综上所述，在儿童早期词汇发展过程中，基本层次词汇具有实用性、具体性、最快被儿童习得以及最容易进入语言使用者的心理词库等特点。

通过对比汉语受试儿童和成人同时期的普通名词和基本层次名词的使用情况以及儿童与成人基本层次名词占普通名词的比率，我们可以得知，虽然受试儿童的普通名词和基本层次名词的使用数目远远不及成人，但是在1岁半之前受试儿童使用的普通名词中90%以上属于基本层次词汇。同时，成人的基本层次词汇也始终维持在占普通名词总量比率的61%—73%的水平，这也证明受试儿童基本层次名词占普通名词的比率是远远高于成人的。上述分析说明儿童基本层次词汇的分布并不完全受成人语言输入的影响。

综上所述，本章主要探究了分别以汉语、法语和日语为母语的儿童在语言产出和理解两个层面上，早期名词发展中各类范畴层次词汇尤其是基本层次词汇的分布比例、习得顺序和发展情况，以及儿童范畴分类能力的发展与其语言发展之间的关系。考虑到成人语言输入所发挥的作用，基本层次词汇为儿童最早习得的词汇。考虑到理解层面，在词汇习得时，基本层次词汇也始终占据绝对优势地位。

# 第四章

# 语料库数据研究

本章的语料主要来源于 CHILDES 语料库，涉及汉语、法语和日语三种不同语言文本。每种语言均选取 110 个儿童作为受试，分为 11 个年龄组，每个年龄组各 10 人，年龄段跨度为 14—72 个月（不同语言间在年龄跨度上有细微差异，具体情况见各个部分的详细介绍）。本章语料库研究的特点在于数据获取简便、跨语言数据全面，由此减少了单独设计进行控制实验的时间。此外，语料库所收集到的均为自然语料，更具研究意义与价值，将自然语料的研究结果与控制实验的研究结果加以对比与结合，可以扩大研究范围，丰富研究角度，使研究结果更具说服力。本章的研究意义在于探究儿童词汇能力发展与范畴分类能力发展的关系，了解三种范畴层次词汇的习得顺序，为三种不同语言的儿童词汇范畴能力的发展规律提供更有力的证据。

首先，我们对收集到的语料库数据进行以下处理和分析：第一，统计不同年龄组受试儿童的词语习得情况；第二，将这些词语按照三种范畴层次进行分类，分为上位层次词汇、基本层次词汇和下位层次词汇；第三，将三种不同范畴层次词汇的数量和分布情况通过表格和折线图加以呈现和描述，使受试儿童在各个年龄段及整个年龄跨度中不同范畴层次词汇的发展趋势更加清楚地展现出来；第四，对以上数据进行统计分析，即通过计算标准差、卡方值等方式对数据进行科学的、深入的分析；然后对以上图表进行详细的描述和讨论，进一步将其与理论结合起来，将三种不同语言的研究结果加以对比，最终回归到我们的研究问题上。

其次，儿童的词汇能力发展与范畴能力发展之间的关系是我们本部分关注的焦点。因此，我们将不同年龄段儿童的词汇总量和平均话语长度（MLU）作为儿童词汇能力发展的指标，将词汇总量、平均话语长度分别与上位层次词汇数量、基本层次词汇数量、下位层次词汇数量进行相关性分析。借此观察儿童词汇能力发展趋势与范畴能力发展趋势之间的关系。

最后，本章将三种语言的不同范畴层次词汇的发展情况加以对比分析，从而发现不同语言间在范畴能力发展方面的共性和个性，这也有助于我们进一步总结不同范畴层次词汇发展的跨语言规律和一般特性。

## 第一节  汉语语料库研究的主要发现

### 一  汉语儿童词汇能力发展

为了探究汉语儿童的词汇能力发展，本研究从汉语儿童的词汇总量和平均话语长度（MLU）（见附录8）两个方面加以分析，寻找汉语儿童词汇能力的发展趋势，具体情况如下（表4.1）。

表 4.1　　　　　汉语儿童词汇总量及平均话语长度

| 月份 | 词汇总量 | MLU |
| --- | --- | --- |
| 14 | 87 | 1.38 |
| 20 | 76 | 1.48 |
| 26 | 298 | 2.46 |
| 32 | 823 | 2.83 |
| 36 | 1305 | 2.33 |
| 42 | 1460 | 2.41 |
| 48 | 1783 | 2.45 |
| 54 | 2104 | 2.59 |
| 60 | 2358 | 2.65 |

续表

| 月份 | 词汇总量 | MLU |
|---|---|---|
| 66 | 2870 | 2.59 |
| 72 | 3205 | 2.78 |

表4.1显示了汉语儿童的词汇总量和平均话语长度，这两者是反映汉语儿童词汇能力发展的重要指标。由表可以看出，随着年龄的增长，汉语儿童的词汇总量和平均话语长度也在不断增加，虽然在个别年龄段有略微的减少，但整体增长的趋势不变。因此，总体来说，汉语儿童的词汇能力随年龄的增长而不断得到提高。

## 二 汉语儿童范畴层次词汇能力发展

为了探究汉语儿童在不同年龄段中三种范畴词汇的习得规律，本研究以年龄段为单位统计了儿童上位范畴层次词汇、基本范畴层次词汇和下位范畴层次词汇的习得情况，具体数量和分布情况如下（表4.2）。

表4.2　　汉语语料数据三种范畴层次词汇的数量和分布

| 年龄（月） | 上位层次 | 基本层次 | 下位层次 |
|---|---|---|---|
| 14 | 0 | 35 | 4 |
| 20 | 0 | 82 | 25 |
| 26 | 12 | 135 | 85 |
| 32 | 5 | 104 | 48 |
| 36 | 13 | 149 | 88 |
| 42 | 8 | 175 | 73 |
| 48 | 17 | 224 | 92 |
| 54 | 17 | 176 | 82 |
| 60 | 17 | 155 | 75 |
| 66 | 17 | 214 | 91 |
| 72 | 28 | 299 | 116 |
| 共计 | 134 | 1748 | 779 |

表4.2显示了周兢语料数据库中三种不同范畴层次词汇在汉语儿童不同年龄段的数量分布情况。总体来说，上位、基本、下位三种范畴层次词汇在汉语儿童早期词汇习得方面存在较为明显的差异：其中，基本层次词汇在数量上占据明显优势，高达1748个，而下位层次词汇只有779个，上位层次词汇则更少，只有134个。这说明，在汉语儿童早期词汇习得中，基本范畴层次词汇所占比重最大，下位范畴层次词汇次之，上位范畴层次词汇最少。此外，虽然儿童的词汇习得数量在不同阶段呈现增加、停滞或减少的发展趋势，但总体来说，随着年龄的增长，儿童的范畴层次词汇在不断增加，其中基本范畴层次词汇的增长趋势明显，下位范畴层次词汇的增长趋势居中，上位范畴层次词汇的增长趋势最不显著。

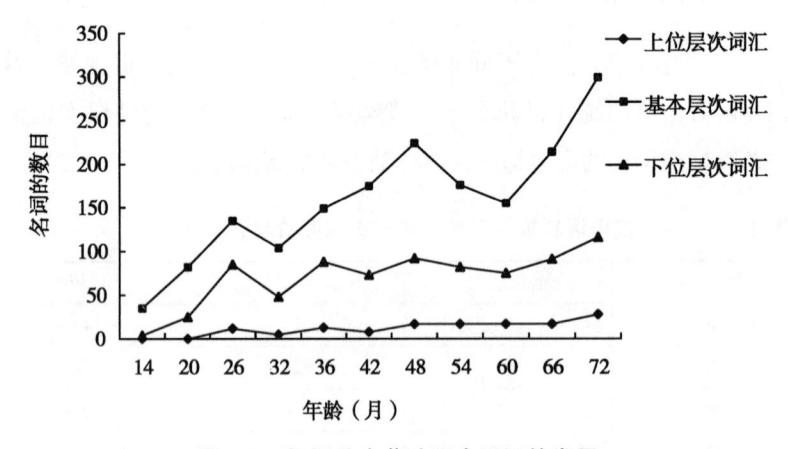

图4.1 汉语儿童范畴层次词汇的发展

图4.1表明，儿童在14个月大的时候已经出现了基本范畴层次词汇，当他们72个月大的时候，基本范畴层次词汇数量达到最大值。随着年龄的增加，基本范畴层次词汇总体呈上升趋势，只在32个月、54个月和60个月时，与前一年龄组相比稍有下降。

从图中可以看出，上位范畴层次词汇到儿童26个月大时才出现，并且只有少数几个，在32个月和42个月时，与前一年龄组相比，上位范畴层次词汇数量稍有减少。随着年龄的增加，基本范畴层次词汇总体呈上升趋势。

图 4.1 还显示出,下位范畴层次词汇的出现比上位范畴层次词汇早,当儿童 14 个月大时,下位范畴层次词汇已经出现了,但数量极少。虽然下位范畴层次词汇在儿童 32 个月、42 个月、54 个月和 60 个月时有所减少,但随着儿童年龄的增加,下位范畴层次词汇的发展从大体上来看是缓慢增加的。

整体上来说,在儿童词汇发展过程中,基本范畴层次词汇最先出现,接着是下位范畴层次词汇,最后才是上位范畴层次词汇。此外,就整个增长趋势而言,儿童在 14—72 个月这个年龄段中,基本范畴词汇的增长趋势较快,上位范畴层次词汇的增长趋势较缓慢,下位范畴层次词汇的增长趋势居中。

上述结果表明,儿童词汇的发展整体呈增长趋势,虽然偶尔会减少,但它仍然遵循儿童的范畴分类能力发展的规律。在词汇的整体发展过程中,基本范畴层次、上位范畴层次和下位范畴层次的数量有所不同,基本范畴层次词汇最多,其次是下位范畴层次词汇,最后是上位范畴层次词汇。此外,它们的出现顺序也存在差异,基本范畴层次词汇最先出现,其次是下位范畴层次词汇,最后是上位范畴层次词汇。

对于周兢语料数据,本研究采用 SPSS13.0 对其进行分析。因为所选择的 110 个文本相互之间没有影响,因此我们采用非参数测试中的多个独立样本检验(K 独立样本检验)对数据进行分析。分析内容涉及平均值、标准差、卡方值、p 值等。

表 4.3 汉语语料数据 SPSS 分析结果

| 受试年龄(月) | 受试数目(110) | 上位层次词汇 平均值 | 上位层次词汇 标准差 | 基本层次词汇 平均值 | 基本层次词汇 标准差 | 下位层次词汇 平均值 | 下位层次词汇 标准差 | 各年龄段三个层次比较的卡方值($x^2$) |
|---|---|---|---|---|---|---|---|---|
| 14 | 10 | .0000 | .00000 | 3.5000 | 4.74342 | .4000 | .69921 | 19.991($p=.000$) |
| 20 | 10 | .0000 | .00000 | 8.2000 | 5.49343 | 2.5000 | 3.02765 | 19.922($p=.000$) |
| 26 | 10 | 1.2000 | 1.22927 | 13.5000 | 10.09125 | 8.5000 | 8.19553 | 16.252($p=.000$) |
| 32 | 10 | .5000 | .52705 | 10.4000 | 6.91536 | 4.8000 | 3.45768 | 18.840($p=.000$) |

续表

| 受试年龄（月） | 受试数目（110） | 上位层次词汇 平均值 | 上位层次词汇 标准差 | 基本层次词汇 平均值 | 基本层次词汇 标准差 | 下位层次词汇 平均值 | 下位层次词汇 标准差 | 各年龄段三个层次比较的卡方值（$x^2$） |
|---|---|---|---|---|---|---|---|---|
| 36 | 10 | 1.3000 | 1.41814 | 14.9000 | 7.20262 | 8.8000 | 3.01109 | 21.660（$p$=.000） |
| 42 | 10 | .8000 | .91894 | 17.5000 | 8.70823 | 7.3000 | 2.90784 | 23.708（$p$=.000） |
| 48 | 10 | 1.7000 | 1.15950 | 22.4000 | 6.88315 | 9.2000 | 4.13118 | 24.914（$p$=.000） |
| 54 | 10 | 1.7000 | 1.15950 | 17.6000 | 7.74884 | 8.2000 | 4.46716 | 22.842（$p$=.000） |
| 60 | 10 | 1.7000 | 1.70294 | 15.5000 | 7.23034 | 7.5000 | 5.12619 | 19.775（$p$=.000） |
| 66 | 10 | 1.7000 | .94868 | 21.4000 | 7.47143 | 9.1000 | 6.11828 | 21.739（$p$=.000） |
| 72 | 10 | 2.8000 | 1.61933 | 29.9000 | 9.36245 | 11.6000 | 6.34560 | 24.494（$p$=.000） |

表4.3是对汉语语料库数据进行统计分析得出的结果。通过该表我们可以看出，三个范畴层次的平均值有很大差别，上位层次（.0000<M<2.8000），基本层次（3.5000<M<29.9000），下位层次（.4000<M<11.6000）。儿童在20个月以后，除了基本层次大于10（M>10）外，其他范畴层次均小于10（M<10）（除了下位层次的平均值在72个月达到11.6），并且，在儿童20个月之前，基本层次的平均值也明显高于上位层次和下位层次的平均值。

总体来说，基本层次的标准差（4.74342<SD<10.09125）大于上位层次（.0000<SD<1.70294）和下位层次（.69921<SD<8.19553）的标准差，这说明儿童基本层次词汇的发展增长幅度较大。各年龄组三个范畴层次的卡方值也有一定差异，波动范围在16.252到24.914之间，$p$=.0000<0.05。表4.3清晰地显示，各年龄组上位层次、基本层次和下位层次的词汇发展之间存在显著差异，其中基本层次词汇占据绝对优势。

### 三 汉语儿童词汇能力发展与范畴分类能力发展的相关性研究

为了探讨汉语儿童三种不同范畴层次词汇的发展情况与汉语儿童词汇总量发展之间的相关性，并进一步探寻汉语儿童词汇能力发展与范畴层次词汇能力发展的规律，我们借助SPSS进行了相关性分析，具体数据与分析情况如下（表 4.4 和表 4.5）。

**表 4.4　　汉语儿童词汇能力发展与上位层次词汇能力发展**

|  | Mean | Std. Deviation | N |
| --- | --- | --- | --- |
| 词汇总量 | 1488.09 | 1092.27 | 11 |
| 上位层次 | 4.82 | 2.60 | 11 |
| MLU | 2.36 | .48 | 11 |

表 4.4 显示了汉语儿童词汇能力发展与上位范畴层次词汇的发展的具体情况，其中词汇总量和 MLU（平均话语长度）代表汉语儿童的词汇能力发展情况。通过比较词汇总量和上位层次词汇的平均值可知，在儿童词汇发展过程中，上位范畴层次词汇仅占词汇总量中很小的一部分。

**表 4.5　汉语儿童上位层次词汇发展与词汇总量发展的相关性分析**

|  |  | 词汇总量 | 上位层次 |
| --- | --- | --- | --- |
| 词汇总量 | Pearson Correlation | 1 | .795** |
|  | Sig.（2-tailed） |  | .003 |
|  | N | 11 | 11 |
| 上位层次 | Pearson Correlation | .795** | 1 |
|  | Sig.（2-tailed） | .003 |  |
|  | N | 11 | 11 |

**. Correlation is significant at the 0.01 level（2-tailed）

表 4.5 显示了汉语儿童上位层次词汇发展与词汇总量发展的相关性分析的具体情况。根据皮尔逊相关性分析，词汇总量与上位层次词汇的发展变化具有相关性（$r=.795$，$p=.003<.01$），所以汉语儿童的词汇能力发展与他们的上位范畴层次词汇能力的发展是紧密相关的。

表 4.6　汉语儿童上位层次词汇发展与 MLU 发展的相关性分析

|  |  | MLU | 上位层次 |
|---|---|---|---|
| MLU | Pearson Correlation | 1 | .865** |
|  | Sig. (2-tailed) |  | .001 |
|  | N | 11 | 11 |
| 上位层次 | Pearson Correlation | .865** | 1 |
|  | Sig. (2-tailed) | .001 |  |
|  | N | 11 | 11 |

**. Correlation is significant at the 0.01 level (2-tailed)

表 4.6 探究了汉语儿童上位层次词汇发展与 MLU（平均话语长度）发展的相关性分析的具体情况。皮尔逊相关性分析结果表明，MLU（平均话语长度）与上位层次词汇的发展变化具有相关性（$r=.865$，$p=.001<.01$），所以汉语儿童的 MLU（平均话语长度）发展能力与他们的上位范畴层次词汇发展能力具有显著的相关性。

表 4.7　汉语儿童词汇能力发展与基本层次词汇能力发展

|  | Mean | Std. Deviation | N |
|---|---|---|---|
| 词汇总量 | 1488.09 | 1092.27 | 11 |
| 基本层次 | 81.27 | 39.07 | 11 |
| MLU | 2.36 | .48 | 11 |

表 4.7 记录了汉语儿童词汇能力发展与基本范畴层次词汇发展的具体情况，其中词汇总量和 MLU（平均话语长度）是衡量汉语儿童的词汇能力发展的两个重要指标，能够显示汉语儿童词汇能力发展与基本范畴层次词汇能力发展的具体情况。通过比较词汇总量和基本范畴层次词汇的平均值，我们可以得知，在儿童词汇发展过程中，与上位范畴层次词汇和下位范畴层次词汇相比，基本范畴层次词汇占据了总词汇量中较大的部分。

表 4.8　汉语儿童基本层次词汇发展与词汇总量发展的相关性分析

|  |  | 词汇总量 | 基本层次 |
|---|---|---|---|
| 词汇总量 | Pearson Correlation | 1 | .801** |
|  | Sig.（2-tailed） |  | .003 |
|  | N | 11 | 11 |
| 基本层次 | Pearson Correlation | .801** | 1 |
|  | Sig.（2-tailed） | .003 |  |
|  | N | 11 | 11 |

**．Correlation is significant at the 0.01 level（2-tailed）

表 4.8 显示了汉语儿童基本层次词汇发展与词汇总量发展的相关性分析的具体情况。由皮尔逊相关性分析可知，词汇总量与基本层次词汇的发展变化具有相关性（$r=.801$，$p=.003<.01$），也就是说汉语儿童的词汇发展能力与他们的基本范畴能力的发展是紧密相关的。

表 4.9　汉语儿童基本层次词汇发展与 MLU 发展的相关性分析

|  |  | MLU | 基本层次 |
|---|---|---|---|
| MLU | Pearson Correlation | 1 | .671* |
|  | Sig.（2-tailed） |  | .024 |
|  | N | 11 | 11 |
| 基本层次 | Pearson Correlation | .671* | 1 |
|  | Sig.（2-tailed） | .024 |  |
|  | N | 11 | 11 |

＊．Correlation is significant at the 0.05 level（2-tailed）

表 4.9 显示了汉语儿童基本层次词汇发展与 MLU（平均话语长度）发展的相关性分析的具体情况。皮尔逊相关性分析结果表明，MLU（平均话语长度）与基本层次词汇的发展变化具有相关性（$r=.671$，$p=.024<.05$），所以汉语儿童的 MLU（平均话语长度）与他们的基本范畴层次词汇发展能力是紧密相关的。

表 4.10　　　汉语儿童词汇能力发展与下位层次词汇能力发展

|  | Mean | Std. Deviation | N |
|---|---|---|---|
| 词汇总量 | 1488.09 | 1092.27 | 11 |
| 下位层次 | 43.64 | 19.33 | 11 |
| MLU | 2.36 | .48 | 11 |

表 4.10 显示了汉语儿童词汇能力发展与下位范畴层次词汇能力发展的具体情况，词汇总量和 MLU（平均话语长度）是衡量汉语儿童的词汇能力发展的两大因素。通过比较词汇总量和下位层次词汇的平均值可知，在儿童词汇发展过程中，下位范畴层次词汇仅仅是其总词汇量中很小的一部分。

表 4.11　汉语儿童下位层次词汇发展与词汇总量发展的相关性分析

|  |  | 词汇总量 | 下位层次 |
|---|---|---|---|
| 词汇总量 | Pearson Correlation | 1 | .671* |
|  | Sig.（2-tailed） |  | .024 |
|  | N | 11 | 11 |
| 下位层次 | Pearson Correlation | .671* | 1 |
|  | Sig.（2-tailed） | .024 |  |
|  | N | 11 | 11 |

*. Correlation is significant at the 0.05 level（2-tailed）

表 4.11 显示了汉语儿童下位层次词汇发展与词汇总量发展的相关性分析的具体情况。皮尔逊相关性分析结果表明，词汇总量与下位层次词汇的发展变化具有相关性（$r=.671$，$p=.024<.05$），所以汉语儿童的词汇发展能力与他们的下位范畴层次词汇发展能力具有显著相关性。

表 4.12 汉语儿童下位层次词汇发展与 MLU 发展的相关性分析

|  |  | MLU | 下位层次 |
|---|---|---|---|
| MLU | Pearson Correlation | 1 | .708 * |
|  | Sig. (2-tailed) |  | .015 |
|  | N | 11 | 11 |
| 下位层次 | Pearson Correlation | .708 * | 1 |
|  | Sig. (2-tailed) | .015 |  |
|  | N | 11 | 11 |

\*. Correlation is significant at the 0.05 level (2-tailed)

表 4.12 显示了汉语儿童下位层次词汇发展与 MLU（平均话语长度）发展的相关性分析的具体情况。根据皮尔逊相关性分析，MLU（平均话语长度）与下位层次词汇的发展变化是具有相关性的（$r=.708$，$p=.015<.05$），所以汉语儿童的 MLU（平均话语长度）与他们的下位范畴层次词汇发展能力呈紧密相关关系。

综上所述，在汉语儿童的词汇发展过程中，在上位范畴层次词汇、基本范畴层次词汇和下位范畴层次词汇三种范畴词汇中，基本范畴词汇所占比重最大。此外，就汉语而言，上位范畴层次词汇、基本范畴层次词汇和下位范畴层次词汇的发展与儿童的词汇总量和平均话语长度的发展均具有相关性。换言之，儿童范畴层次词汇能力与儿童的词汇能力密切相关，且均随着年龄的增长而不断提高。

# 第二节 法语语料库研究的主要发现

## 一 法语儿童词汇能力发展

为了探究法语儿童的词汇能力发展，本研究从法语儿童的词汇总量和平均话语长度两个方面加以分析，试图找出法语儿童的词汇能力发展的趋势，具体情况如下（表 4.13）。

表 4.13　　　　　　　法语儿童词汇总量及平均话语长度

| 月份 | 词汇总量 | MLU |
| --- | --- | --- |
| 14 | 53 | 1.38 |
| 20 | 212 | 1.45 |
| 26 | 630 | 2.17 |
| 32 | 597 | 3.03 |
| 36 | 486 | 3.32 |
| 42 | 435 | 3.17 |
| 48 | 298 | 5.04 |
| 54 | 417 | 5.08 |
| 60 | 976 | 5.42 |
| 66 | 409 | 6.76 |
| 72 | 371 | 6.35 |

表 4.13 显示了法语儿童的词汇总量和平均话语长度，这两者是用于探究儿童词汇能力发展情况的重要指标。从表中可以看出，随着年龄的增长，法语儿童的词汇总量呈现波动式发展，在 48—60 个月期间其词汇总量呈现大幅度增长趋势，但是在此之前，从 32 个月起到 48 个月期间出现小幅度减少的现象；而其平均话语长度则随着年龄的增长不断增加，虽然个别年龄段有略微减少，但整体增长趋势不变。总体来说，法语儿童的词汇能力随年龄的增长而不断提高。

## 二　法语儿童范畴层次词汇能力发展

为了探究法语儿童在不同年龄段的不同范畴词汇的习得规律，本研究统计了法语儿童上位层次词汇、基本层次词汇和下位层次词汇在各年龄段的习得情况，具体数量和分布情况如下（表 4.14）。

表 4.14　　法语语料数据三种范畴层次词汇的数量和分布

| 年龄（月） | 上位层次 | 基本层次 | 下位层次 |
| --- | --- | --- | --- |
| 14 | 0 | 35 | 0 |
| 20 | 2 | 228 | 1 |
| 26 | 2 | 575 | 2 |
| 32 | 22 | 530 | 9 |
| 36 | 13 | 349 | 38 |
| 42 | 9 | 327 | 18 |
| 48 | 6 | 180 | 5 |
| 54 | 2 | 216 | 4 |
| 60 | 13 | 873 | 5 |
| 66 | 9 | 320 | 9 |
| 72 | 7 | 280 | 7 |
| 共计 | 85 | 3913 | 98 |

表 4.14 显示了法语语料数据三种不同范畴层次词汇在儿童不同年龄段的数量分布情况。总体来说，三种范畴层次词汇在儿童早期词汇习得方面存在明显差异：基本层次词汇在数量上占据明显优势，高达 3913 个，下位层次词汇只有 98 个，上位层次词汇则更少，只有 85 个。这说明，在儿童早期词汇习得的过程中，习得基本层次词汇最多，占词汇总量比重最大，下位层次词汇次之，而习得最少的是上位层次词汇。此外，虽然儿童的词汇习得数量在不同阶段出现了停滞或减少的情况，但总体来说，随着年龄的增长，儿童的范畴词汇也在不断增加。

图 4.2 表明，儿童在 14 个月大时已经出现了基本层次词汇，当他们 60 个月大时基本层次词汇数量达到最大值。在 14—26 个月期间，儿童的基本层次词汇随着年龄的增长呈明显增长趋势，但在 26—48 个月期间，儿童的基本层次词汇一直呈下降趋势，在 54—60 个月期间出现了飞速增长，但在 60 个月基本层次词汇数目达到最大值之后，至 66 个月、72 个月，儿童的基本层次词汇又呈现出了下降

趋势。

上位层次词汇直到儿童20个月时才出现，并且只有少数几个，从表中可以看出，在儿童42个月、48个月、54个月和66个月大时，上位层次词汇数量稍有减少。但随着年龄的增加，上位层次词汇总体呈上升趋势。

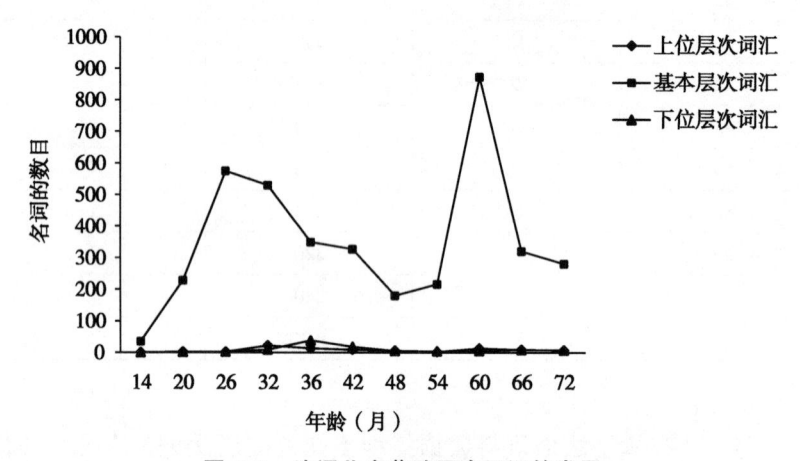

图 4.2 法语儿童范畴层次词汇的发展

下位层次词汇的出现也比基本层次词汇出现的晚一些，从图 4.2 中我们可以看到，当儿童20个月大时，下位层次词汇才出现，且数量极少。虽然下位层次词汇在儿童48个月、54个月、72个月时有所减少，但随着儿童年龄的增加，下位层次词汇的发展也呈缓慢增加的趋势。

总的来说，在儿童词汇习得的发展过程中，最先习得的是基本范畴层次词汇，接着是下位范畴层次词汇和上位范畴层次词汇。此外，就整个增长趋势而言，儿童在14—72个月这个年龄段中，基本层次词汇的发展呈现先增长再下降的趋势，上位层次词汇和下位层次词汇的发展则呈现缓慢增长的趋势。

上述结果表明，法语儿童的词汇发展整体呈增长趋势，虽然偶尔会减少，但整体上与儿童的范畴发展规律是相吻合的。在儿童的范畴发展过程中，三种范畴层次词汇出现的数量各不相同，其中基本层次词汇出现最多,其次是下位层次词汇,最后是上位层次词汇。此外,它们的出现顺序也不同,基本层次词汇最先出现,其次是下位层次词汇,最后是上位层次词汇。

对于法语语料数据,本研究采用 SPSS13.0 对其进行分析。因为所选择的 110 个文本相互之间没有影响,因此我们采用非参数测试中的多个独立样本检验(K 独立样本检验)对数据进行分析。分析内容包括平均值、标准差、卡方值和 $p$ 值等。

**表 4.15　　　　　法语语料库 SPSS 分析结果**

| 受试年龄(月) | 受试数目(110) | 上位层次词汇 平均值 | 上位层次词汇 标准差 | 基本层次词汇 平均值 | 基本层次词汇 标准差 | 下位层次词汇 平均值 | 下位层次词汇 标准差 | 各年龄段三个层次比较的卡方值 ($x^2$) |
|---|---|---|---|---|---|---|---|---|
| 14 | 10 | .0000 | .0000 | 3.5000 | 5.2962 | .0000 | .0000 | 17.312(p=.000) |
| 20 | 10 | .2000 | .4000 | 22.8000 | 17.9377 | .1000 | .3000 | 16.526(p=.000) |
| 26 | 10 | .2000 | .6000 | 57.5000 | 49.5908 | .2000 | .4000 | 15.353(p=.000) |
| 32 | 10 | 2.2000 | 2.7495 | 88.8000 | 34.8993 | .9000 | 1.3748 | 17.840(p=.000) |
| 36 | 10 | 1.9000 | 2.4269 | 34.9000 | 19.8265 | 3.8000 | 3.9699 | 20.160(p=.000) |
| 42 | 10 | .9000 | 1.2207 | 32.7000 | 22.4190 | 1.8000 | 3.7094 | 22.607(p=.000) |
| 48 | 10 | .6000 | 1.8000 | 18.0000 | 6.4653 | .5000 | 1.0247 | 21.923(p=.000) |
| 54 | 10 | .2000 | .4000 | 21.6000 | 7.8892 | .4000 | .4899 | 23.152(p=.000) |
| 60 | 10 | 1.3000 | 2.2383 | 87.3000 | 110.8747 | .5000 | .9220 | 18.664(p=.000) |
| 66 | 10 | .9000 | 1.2207 | 32.0000 | 10.9636 | .9000 | 1.0440 | 29.638(p=.000) |
| 72 | 10 | .7000 | 1.2689 | 28.0000 | 8.0870 | .7000 | 1.2689 | 23.473(p=.000) |

表 4.15 列出了法语语料库数据中不同范畴的平均值。我们可以看到,三个范畴层次的平均值有很大差别:上位层次(.0000<M<2.2000),基本层次(3.5000<M<88.8000),下位层次(.0000<M<3.8000)。儿童在 20 个月以后,除了基本层次大于 10(M>10)外,其他范畴层次均小于 10(M<10),而且,儿童在 20 个月之前,基本层次的平均值也明显高于上位层次和下位层次的平均值。

总的来说,基本层次的标准差(5.2962<SD<110.8747)大于上位层次(.0000<SD<2.7495)和下位层次(.0000<SD<3.9699),这

说明儿童基本层次词汇的发展增长幅度较大。各年龄组三个范畴层次的卡方值也有一定差异,波动范围在 15.353 到 29.638,$p=.0000<.05$。从表4.15中我们可以明显地看出,各年龄组上位层次、基本层次和下位层次词汇之间存在显著差异,其中基本层次词汇占据绝对优势。

### 三 法语儿童词汇能力发展与范畴分类能力发展的相关性研究

在三种范畴层次词汇中,法语儿童往往先习得基本范畴层次词汇,其次习得上位范畴层次词汇,最后习得下位范畴层次词汇,且基本范畴层次词汇占大多数。本部分主要探寻这3种不同范畴层次词汇能力的发展与法语词汇能力发展之间的相关性,为了进一步探寻法语儿童词汇能力发展与范畴层次词汇发展的规律,我们对数据进行了如下分析(表4.16)。

表4.16  法语儿童词汇能力发展与上位范畴层次词汇能力发展

|  | Mean | Std. Deviation | N |
| --- | --- | --- | --- |
| 词汇总量 | 451.30 | 252.172 | 10 |
| 上位层次 | 7.80 | 6.861 | 10 |
| MLU | 3.68 | 1.816 | 10 |

表4.16显示了法语儿童词汇能力发展与上位范畴层次词汇能力发展的具体情况,并且通过词汇总量和MLU(平均话语长度)来检测法语儿童的词汇能力发展情况。通过比较词汇总量和上位层次词汇的平均值可以得知,在儿童词汇发展过程中,上位范畴层次词汇只占据其总词汇量中很小的一部分。

表4.17  法语儿童上位层次词汇发展与词汇总量发展的相关性分析

|  |  | 词汇总量 | 上位层次 |
| --- | --- | --- | --- |
| 词汇总量 | Pearson Correlation | 1 | .568 |
|  | Sig. (2-tailed) |  | .087 |

续表

|  |  | 词汇总量 | 上位层次 |
|---|---|---|---|
|  | N | 10 | 10 |
| 上位层次 | Pearson Correlation | .568 | 1 |
|  | Sig.（2-tailed） | .087 |  |
|  | N | 10 | 10 |

表4.17显示了法语儿童上位层次词汇发展与词汇总量发展的相关性分析的具体情况。根据皮尔逊相关性分析，词汇总量与上位层次词汇的发展变化是不具有相关性的（$r=.568$，$p=.087>.05$），所以法语儿童的词汇发展能力与他们的上位范畴层次词汇能力的发展不具有相关性。

**表4.18　法语儿童上位层次词汇发展与MLU发展的相关性分析**

|  |  | MLU | 上位层次 |
|---|---|---|---|
| MLU | Pearson Correlation | 1 | .978** |
|  | Sig.（2-tailed） |  | .000 |
|  | N | 10 | 10 |
| 上位层次 | Pearson Correlation | .978** | 1 |
|  | Sig.（2-tailed） | .000 |  |
|  | N | 10 | 10 |

\*\*. Correlation is significant at the 0.01 level (2-tailed)

表4.18显示了法语儿童上位层次词汇发展与MLU（平均话语长度）发展的相关性分析的具体情况。皮尔逊相关性分析结果表明，MLU（平均话语长度）与上位层次词汇的发展变化具有相关性（$r=.978$，$p=.000<.01$），因此法语儿童的MLU（平均话语长度）与受试的上位范畴层次词汇发展能力呈现紧密相关的联系。

表 4.19　法语儿童词汇能力发展与基本范畴层次词汇能力发展

|  | Mean | Std. Deviation | N |
|---|---|---|---|
| 词汇总量 | 451.30 | 252.172 | 10 |
| 基本层次 | 363.30 | 239.717 | 10 |
| MLU | 3.68 | 1.816 | 10 |

表 4.19 显示了法语儿童词汇能力发展与基本范畴层次词汇能力发展的具体情况，其中词汇总量和 MLU（平均话语长度）代表法语儿童的词汇能力发展情况。在比较词汇总量和基本范畴层次词汇的平均值之后可知，在儿童词汇发展过程中，较之上位范畴层次词汇与下位范畴层次词汇，基本范畴层次词汇占据其总词汇量中较大的一部分。

表 4.20　法语儿童基本层次词汇发展与词汇总量发展的相关性分析

|  |  | 词汇总量 | 基本层次 |
|---|---|---|---|
| 词汇总量 | Pearson Correlation | 1 | .970** |
|  | Sig.（2-tailed） |  | .000 |
|  | N | 10 | 10 |
| 基本层次 | Pearson Correlation | .970** | 1 |
|  | Sig.（2-tailed） | .000 |  |
|  | N | 10 | 10 |

**. Correlation is significant at the 0.01 level (2-tailed)

表 4.20 显示了法语儿童基本层次词汇发展与词汇总量发展的相关性分析的具体情况。由皮尔逊相关性分析可知，词汇总量与基本层次词汇的发展变化是具有相关性的（$r=.970$，$p=.000<.01$），所以法语儿童的词汇发展能力与他们的基本范畴层次词汇的发展能力具有紧密相关的联系。

表4.21　法语儿童基本层次词汇发展与MLU发展的相关性分析

|  |  | MLU | 基本层次 |
|---|---|---|---|
| MLU | Pearson Correlation | 1 | .243 |
|  | Sig. (2-tailed) |  | .499 |
|  | N | 10 | 10 |
| 基本层次 | Pearson Correlation | .243 | 1 |
|  | Sig. (2-tailed) | .499 |  |
|  | N | 10 | 10 |

表4.21显示了法语儿童基本层次词汇发展与MLU（平均话语长度）发展的相关性分析的具体情况。根据皮尔逊相关性分析，MLU（平均话语长度）与基本层次词汇的发展变化是不具有相关性的（$r=.243$，$p=.499>.05$），所以法语儿童的MLU（平均话语长度）与他们的基本范畴层次词汇的发展能力没有相关关系。

表4.22　法语儿童词汇能力发展与下位范畴层次词汇能力发展

|  | Mean | Std. Deviation | N |
|---|---|---|---|
| 词汇总量 | 451.30 | 252.172 | 10 |
| 下位层次 | 9.10 | 11.416 | 10 |
| MLU | 3.68 | 1.816 | 10 |

表4.22显示了法语儿童词汇能力发展与下位范畴层次词汇能力发展的具体情况，其中通过词汇总量和MLU（平均话语长度）我们可以了解法语儿童的词汇能力发展情况。比较词汇总量和下位层次词汇的平均值后可知，在儿童词汇发展过程中，下位范畴层次词汇只是其总词汇量中的很小一部分。

表4.23　法语儿童下位层次词汇发展与词汇总量发展的相关性分析

|  |  | 词汇总量 | 下位层次 |
|---|---|---|---|
| 词汇总量 | Pearson Correlation | 1 | .146 |

续表

|  |  | 词汇总量 | 下位层次 |
|---|---|---|---|
|  | Sig.（2-tailed） |  | .686 |
|  | N | 10 | 10 |
| 下位层次 | Pearson Correlation | .146 | 1 |
|  | Sig.（2-tailed） | .686 |  |
|  | N | 10 | 10 |

表 4.23 显示了法语儿童下位层次词汇发展与词汇总量发展的相关性分析的具体情况。根据皮尔逊相关性分析，词汇总量与下位层次词汇的发展变化不具有相关性（$r=.146$，$p=.686>.05$），所以法语儿童的词汇发展能力与他们的下位范畴层次词汇能力的发展是不相关的。

表 4.24　法语儿童下位层次词汇发展与 MLU 发展的相关性分析

|  |  | MLU | 下位层次 |
|---|---|---|---|
| MLU | Pearson Correlation | 1 | .079 |
|  | Sig.（2-tailed） |  | .829 |
|  | N | 10 | 10 |
| 下位层次 | Pearson Correlation | .079 | 1 |
|  | Sig.（2-tailed） | .829 |  |
|  | N | 10 | 10 |

表 4.24 显示了法语儿童下位层次词汇发展与 MLU（平均话语长度）发展的相关性分析的具体情况。根据皮尔逊相关性分析数据，我们可以发现，MLU（平均话语长度）与下位层次词汇的发展变化是不存在相关性的（$r=.079$，$p=.829>.05$），所以法语儿童的 MLU（平均话语长度）与他们的下位范畴层次词汇能力的发展是不相关的。

综上所述，在法语儿童的词汇发展过程中，与上位范畴层次词汇、基本范畴层次词汇和下位范畴层次词汇三种范畴词汇相比，基本范畴词汇所占比重最大。此外，就法语而言，基本范畴层次词汇的发展与儿童的词汇总量具有紧密相关性，但与平均话语长度的发展不具有相关性，而上位范畴层次词汇、下位范畴层次词汇的发展与儿童的词汇总量与平均话语长度的发展并不具有相关性。

## 第三节　日语语料库研究的主要发现

### 一　日语儿童词汇能力发展

为了探究日语儿童词汇能力的发展状况，本研究从日语儿童的词汇总量和平均话语长度两个方面加以分析，来探寻日语儿童词汇能力发展的趋势，具体情况如下（表4.25）。

表4.25　　　　　日语儿童词汇总量及平均话语长度

| 月份 | 词汇总量 | MLU |
| --- | --- | --- |
| 18 | 75 | 0.92 |
| 26 | 312 | 1.11 |
| 30 | 560 | 1.81 |
| 36 | 1178 | 1.88 |
| 42 | 1420 | 2.61 |
| 48 | 1683 | 2.73 |
| 54 | 1971 | 3.33 |
| 60 | 2489 | 2.53 |

表4.25显示了考察日语儿童词汇能力发展的两个重要指标，即词汇总量和平均话语长度。从表中我们可以看出，日语儿童的词汇总量和平均话语长度随着年龄的增长不断增加，虽然在个别年龄段有轻微减少现象，但整体增长趋势不变。因此，总体来说，日语儿童的词汇能力随年龄的增长而不断提高。

### 二　日语儿童范畴层次词汇能力发展

为了探究日语儿童在不同年龄段三类范畴层次词汇的习得规律，

本研究以年龄段为单位统计了儿童上位层次词汇、基本层次词汇和下位层次词汇的习得情况，具体数量和分布情况如下（表4.26）。

表4.26　　日语语料数据三种范畴层次词汇的数量和分布

| 年龄（月） | 上位层次 | 基本层次 | 下位层次 |
| --- | --- | --- | --- |
| 14 | 0 | 0 | 0 |
| 18 | 1 | 49 | 0 |
| 26 | 6 | 151 | 4 |
| 30 | 12 | 100 | 18 |
| 36 | 5 | 156 | 6 |
| 42 | 6 | 127 | 4 |
| 48 | 31 | 151 | 22 |
| 54 | 26 | 118 | 31 |
| 60 | 20 | 119 | 35 |
| 共计 | 107 | 971 | 120 |

　　表4.26显示了语料数据三种不同范畴层次词汇在儿童不同年龄段的数量分布情况。从整体来看，三种范畴层次词汇的数量在儿童早期习得词汇发展阶段存在明显的差异，从数量上来看，我们可以发现基本层次词汇所占词汇总量比例最大，高达971个，下位层次词汇只有120个，上位层次词汇则更少，只有107个。这说明，在儿童早期习得词汇时，习得的基本词汇量的占据优势地位，下位层次次之，上位层次最少。此外，虽然儿童的词汇习得数量在不同阶段呈现增加、停滞或减少的趋势，但总体来说，随着年龄的增长，儿童的范畴词汇也在不断增加。

　　图4.3表明，儿童在18个月大时已经出现了基本层次词汇，当他们在36个月大时基本层次词汇数量达到最大值。随着年龄的增加，基本层次词汇数目总体呈上升趋势，只在30个月、42个月和54个月大时，与上一年龄组相比稍有下降。

　　上位层次词汇也是儿童在18个月大时出现的，但是只有1个。

从表中可以看出，在儿童 36 个月和 42 个月大时，上位层次词汇数量稍有减少。但随着年龄的增加，上位层次词汇总体呈上升趋势。

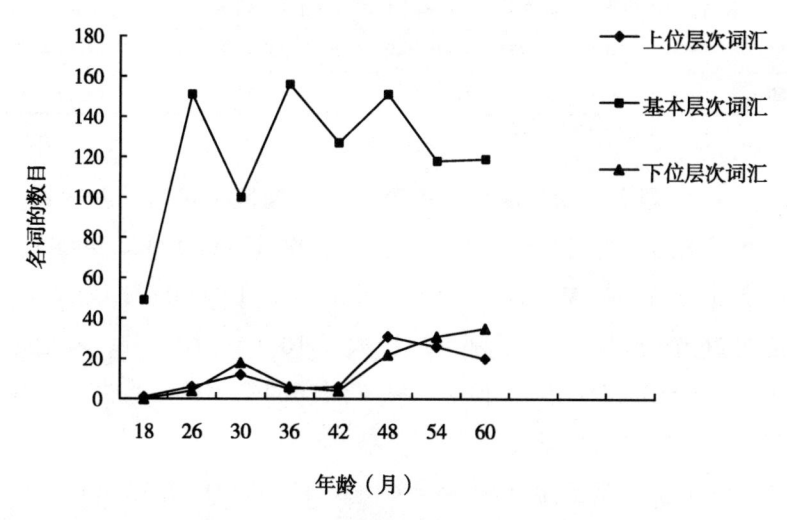

图 4.3　日语儿童范畴层次词汇的发展

下位层次词汇的出现比上位层次词汇早，从图 4.3 中我们可以看到，当儿童 18 个月大时，下位层次词汇出现了，但数量极少。此外，虽然下位层次词汇在儿童 36 个月、42 个月大时有所减少，但随着儿童年龄的增加，下位层次词汇的发展也呈缓慢增加的趋势。

上述结果表明，在儿童早期词汇习得的过程中，虽然在个别年龄段会出现减少的趋势，但仍然遵循儿童范畴分类能力的发展规律。

表 4.27　　　　　日语语料数据 SPSS 分析结果

| 受试年龄（月） | 受试数目（110） | 上位层次词汇 平均值 | 上位层次词汇 标准差 | 基本层次词汇 平均值 | 基本层次词汇 标准差 | 下位层次词汇 平均值 | 下位层次词汇 标准差 | 各年龄段三个层次比较的卡方值（$x^2$） |
|---|---|---|---|---|---|---|---|---|
| 16 | 8 | .0000 | .0000 | 12.1250 | 5.8189 | 1.3750 | 1.5762 | 15.151（p=.000） |
| 26 | 10 | .2222 | .4000 | 20.1000 | 8.8820 | 2.6000 | 1.3565 | 17.642（p=.000） |
| 30 | 10 | .7000 | .7810 | 11.1000 | 5.4120 | 1.2000 | 1.5362 | 20.560（p=.000） |
| 36 | 10 | .5000 | .6708 | 18.4000 | 9.7386 | 2.2000 | 1.5362 | 22.803（p=.000） |
| 42 | 10 | .6000 | .4899 | 13.2000 | 8.1216 | 1.5000 | 1.3601 | 23.816（p=.000） |
| 48 | 10 | .9000 | .8307 | 16.8000 | 6.4467 | 2.6000 | 1.2000 | 21.748（p=.000） |

续表

| 受试年龄（月） | 受试数目（110） | 上位层次词汇 平均值 | 上位层次词汇 标准差 | 基本层次词汇 平均值 | 基本层次词汇 标准差 | 下位层次词汇 平均值 | 下位层次词汇 标准差 | 各年龄段三个层次比较的卡方值（$x^2$） |
|---|---|---|---|---|---|---|---|---|
| 54 | 10 | .7000 | 1.1874 | 14.6000 | 9.1236 | 2.2000 | 1.6613 | 20.577（p=.000） |
| 60 | 10 | .4000 | 7.4196 | 15.5000 | 7.4196 | 1.3000 | .6403 | 21.133（p=.000） |

表4.27列出了语料库数据中范畴的平均值。我们可以看到，三个范畴层次的平均值有很大差别：上位层次（.0000<M<.9000），基本层次（11.1000<M<20.1000），下位层次 1.2000<M<2.6000）。儿童在26个月以后，除了基本层次大于10（M>10）外，其他范畴层次均小于10（M<10），但是，基本层次的平均值一直高于上位层次和下位层次的平均值。

总的来说，基本层次的标准差（5.4120<SD<9.7386）大于上位层次（.0000<SD<7.4196）和下位层次（.6403<SD<1.6613），这表明了儿童基本层次词汇的发展增长幅度较大。各年龄组三个范畴层次的卡方值也有一定差异，波动范围在15.151—23.816，$p=.0000<.05$。表4.27清晰地显示，各年龄组的上位层次、基本层次和下位层次词汇之间存在显著差异，其中基本层次词汇占据绝对优势。

### 三 日语儿童词汇能力发展与范畴分类能力发展的相关性研究

在三种范畴层次词汇中，日语儿童总是最先习得基本范畴层次词汇，其次习得上位范畴层次词汇，最后才是下位范畴层次词汇，且基本范畴层次词汇占大多数。我们主要寻找这三种不同范畴层次词汇的发展与日语词汇能力发展之间的相关性，为了进一步探寻日语儿童词汇能力发展与范畴层次词汇发展的规律，我们对数据进行了如下分析（表4.28）。

表 4.28　日语儿童词汇能力发展与上位范畴层次词汇能力发展

|  | Mean | Std. Deviation | N |
| --- | --- | --- | --- |
| 词汇总量 | 374.63 | 118.470 | 8 |
| 上位层次 | 13.38 | 11.01 | 8 |
| MLU | 2.12 | .83 | 8 |

表 4.28 选取词汇总量和 MLU（平均话语长度）作为两大指标来衡量日语儿童词汇能力的发展，从而找出日语儿童词汇能力发展与上位范畴层次词汇能力发展的具体关系。通过比较词汇总量和上位层次词汇的平均值可知，在儿童词汇发展过程中，上位范畴层次词汇在其总词汇量中只占很小的一部分。

表 4.29　日语儿童上位层次词汇发展与词汇总量发展的相关性分析

|  |  | 词汇总量 | 上位层次 |
| --- | --- | --- | --- |
| 词汇总量 | Pearson Correlation | 1 | .640 |
|  | Sig. (2-tailed) |  | .088 |
|  | N | 8 | 8 |
| 上位层次 | Pearson Correlation | .640 | 1 |
|  | Sig. (2-tailed) | .088 |  |
|  | N | 8 | 8 |

表 4.29 显示了日语儿童上位层次词汇发展与词汇总量发展的相关性分析的具体情况。根据皮尔逊相关性分析，词汇总量与上位层次词汇的发展变化是不具有相关性的（$r=.640$，$p=.088>.05$），所以日语儿童的词汇发展能力与他们的上位范畴层次词汇发展能力是非紧密相关的。

表 4.30　日语儿童上位层次词汇发展与 MLU 发展的相关性分析

|  |  | MLU | 上位层次 |
| --- | --- | --- | --- |
| MLU | Pearson Correlation | 1 | .777* |

续表

|  |  | MLU | 上位层次 |
|---|---|---|---|
|  | Sig. (2-tailed) |  | .023 |
|  | N | 8 | 8 |
| 上位层次 | Pearson Correlation | .777* | 1 |
|  | Sig. (2-tailed) | .023 |  |
|  | N | 8 | 8 |

\*. Correlation is significant at the 0.05 level (2-tailed)

表 4.30 显示了日语儿童上位层次词汇发展与 MLU（平均话语长度）发展的相关性分析的具体情况。皮尔逊相关性分析结果表明，MLU（平均话语长度）与上位层次词汇的发展变化是具有相关性的（$r=.777$, $p=.023<.05$），所以日语儿童的 MLU（平均话语长度）与他们的上位范畴层次词汇发展能力具有紧密相关性。

表 4.31　日语儿童词汇能力发展与基本范畴层次词汇能力发展

|  | Mean | Std. Deviation | N |
|---|---|---|---|
| 词汇总量 | 374.63 | 118.470 | 8 |
| 基本层次 | 121.38 | 35.25 | 8 |
| MLU | 2.12 | .83 | 8 |

表 4.31 显示了根据词汇总量和平均话语长度（MLU）两个代表儿童的词汇能力发展情况的指标来探究日语儿童词汇能力发展与基本范畴层次词汇能力发展的具体情况。在比较词汇总量和基本范畴层次词汇的平均值之后可知，在儿童词汇发展过程中，与上位范畴层次词汇和下位范畴层次词汇相比，基本范畴层次词汇占其总词汇量的较大一部分。

表 4.32　日语儿童基本层次词汇发展与词汇总量发展的相关性分析

|  |  | 词汇总量 | 基本层次 |
|---|---|---|---|
| 词汇总量 | Pearson Correlation | 1 | .764* |

续表

|  |  | 词汇总量 | 基本层次 |
|---|---|---|---|
|  | Sig. (2-tailed) |  | .027 |
|  | N | 8 | 8 |
| 基本层次 | Pearson Correlation | .764* | 1 |
|  | Sig. (2-tailed) | .027 |  |
|  | N | 8 | 8 |

*. Correlation is significant at the 0.05 level (2-tailed)

表 4.32 显示了日语儿童基本层次词汇发展与词汇总量发展的相关性分析的具体情况。根据皮尔逊相关性分析，词汇总量与上位层次词汇的发展变化具有相关性（$r=.764$，$p=.027<.05$），所以日语儿童的词汇发展能力与其基本范畴层次词汇的发展能力是具有紧密联系的。

表 4.33　日语儿童基本层次词汇发展与 MLU 发展的相关性分析

|  |  | MLU | 基本层次 |
|---|---|---|---|
| MLU | Pearson Correlation | 1 | .345 |
|  | Sig. (2-tailed) |  | .402 |
|  | N | 8 | 8 |
| 基本层次 | Pearson Correlation | .345 | 1 |
|  | Sig. (2-tailed) | .402 |  |
|  | N | 8 | 8 |

表 4.33 显示了日语儿童基本层次词汇发展与 MLU（平均话语长度）发展的相关性分析的具体情况。根据皮尔逊相关性分析，MLU（平均话语长度）与基本层次词汇的发展变化并不存在相关性（$r=.345$，$p=.402>.05$），所以日语儿童的词汇发展能力与他们的基本范畴层次词汇发展能力不是紧密相关的。

表 4.34　日语儿童词汇能力发展与下位范畴层次词汇能力发展

|  | Mean | Std. Deviation | N |
|---|---|---|---|
| 词汇总量 | 374.63 | 118.470 | 8 |
| 下位层次 | 15.00 | 13.43 | 8 |
| MLU | 2.12 | .83 | 8 |

表 4.34 是将词汇总量和 MLU（平均话语长度）作为评估儿童词汇能力发展情况的重要指标，探究了日语儿童词汇能力发展与下位范畴层次词汇能力发展的具体情况。通过比较词汇总量和下位层次词汇的平均值，我们发现，在儿童词汇发展过程中，下位范畴层次词汇仅占其总词汇量的很小一部分。

表 4.35　日语儿童下位层次词汇发展与词汇总量发展的相关性分析

|  |  | 词汇总量 | 下位层次 |
|---|---|---|---|
| 词汇总量 | Pearson Correlation | 1 | .667 |
|  | Sig.（2-tailed） |  | .071 |
|  | N | 8 | 8 |
| 下位层次 | Pearson Correlation | .667 | 1 |
|  | Sig.（2-tailed） | .071 |  |
|  | N | 8 | 8 |

表 4.35 显示了日语儿童下位层次词汇发展与词汇总量发展的相关性分析的具体情况。根据皮尔逊相关性分析，词汇总量与下位层次词汇的发展变化不具有相关性（$r=.667$，$p=.071>.05$），所以日语儿童的词汇发展能力与他们的下位范畴层次词汇能力的发展之间没有紧密相关的关系。

表 4.36　日语儿童下位层次词汇发展与 MLU 发展的相关性分析

|  |  | MLU | 下位层次 |
|---|---|---|---|
| MLU | Pearson Correlation | 1 | .725* |

续表

|  |  | MLU | 下位层次 |
|---|---|---|---|
|  | Sig. (2-tailed) |  | .042 |
|  | N | 8 | 8 |
| 下位层次 | Pearson Correlation | .725* | 1 |
|  | Sig. (2-tailed) | .042 |  |
|  | N | 8 | 8 |

*. Correlation is significant at the 0.05 level (2-tailed)

表4.36显示了日语儿童下位层次词汇发展与MLU（平均话语长度）发展的相关性分析的具体情况。根据皮尔逊相关性分析，MLU（平均话语长度）与下位层次词汇的发展变化是具有相关性的（$r=.725$, $p=.042<.05$），所以日语儿童的词汇发展能力与他们的下位范畴层次词汇能力的发展是紧密相关的。

综上所述，在日语儿童的词汇发展过程中，三种范畴层次词汇均有习得，但在数量上各不相同，其中基本范畴层次词汇是数量最多的，占词汇总量比例最大，而上位范畴层次词汇与下位范畴层次词汇则习得较少。此外，就日语而言，基本范畴层次词汇与儿童的词汇总量具有相关性，但与平均话语长度不具有相关性，上位范畴层次词汇与下位范畴层次词汇的发展与儿童的词汇总量不具有相关性，但上位范畴层次词汇与下位范畴层次词汇的发展与平均话语长度却紧密相关。

## 第四节 小结

通过前三章对词汇总量与三种不同范畴层次词汇之间相关性、词汇发展能力以及范畴层次词汇能力的详细描述与分析，我们将本章的研究结果做了以下总结。

就汉语而言，词汇发展能力与三种不同范畴层次词汇之间具有不同程度的相关性。其中基本范畴层次词汇的发展与词汇总量和平均话语长度之间的相关性最紧密，而上位范畴层次词汇、下位范畴层次词汇的发展与词汇总量和平均话语长度之间的相关性较弱。儿童的词汇能力随着年龄的发展不断提高，虽然儿童的范畴能力也随年龄有所提升，但是三种不同范畴层次词汇的提升幅度有所差异，其中基本范畴层次词汇的提升幅度最大，而上位范畴层次词汇和下位范畴层次词汇的提升幅度较小。在三种范畴层次词汇中，基本范畴层次词汇最先出现，且占词汇总量的比重最大。

就法语而言，三种不同范畴层次词汇与词汇发展能力之间的相关性具有差异性。其中，基本范畴层次词汇的发展与词汇总量之间具有最强的相关性，上位范畴层次词汇和下位范畴层次词汇的发展与词汇总量之间则不具有相关性。随着年龄的增长，儿童的词汇能力不断提高。虽然随着年龄的增长，儿童的范畴能力也有所增长，但三种不同范畴层次词汇的增长幅度并不同，其中，上位范畴层次词汇和下位范畴层次词汇的增长幅度较小，基本范畴层次词汇的增长幅度最大。在三种范畴层次词汇中，最先出现的是基本范畴层次词汇，而且占词汇总量的比重也是最大的。

就日语而言，词汇发展能力与三种不同范畴层次词汇的相关程度不同。其中基本范畴层次词汇的发展与词汇总量之间的相关性最显著，上位范畴层次词汇和下位范畴层次词汇的发展与词汇总量之间的相关性则相对较弱，但与平均话语长度之间的相关性较强。儿童年龄增长的同时，他们的范畴能力也会逐步增加，但三种范畴层次词汇的增长幅度有所差异，其中增长幅度最大的是基本范畴层次词汇，而上位范畴层次词汇和下位范畴层次词汇的增长幅度则较小。此外，在三种范畴层次词汇中，最先出现的也是基本范畴层次词汇，且占总词汇量的比重最大。

综上所述，分别以汉语、日语和法语为母语的儿童词汇能力发展及范畴层次词汇能力发展之间既具有共性，也具有差异性。对三种语言来说，基本范畴层次词汇在三种范畴层次词汇中是最早出现的，且在词汇总量中占最大比重。但是，不同范畴层次词汇与词汇能力发展之间的相关性各有差异，其中汉语的基本范畴层次词汇与词汇能力发展具有较强相关性，日语的基本范畴层次词汇与词汇能力发展具有较弱相关性，而法语的基本范畴层次词汇与词汇能力发展的相关性则处于二者之间。

# 第五章

# 控制实验研究

本部分主要通过采用控制实验这一研究范式来探讨汉语儿童范畴层次的发展规律。这些控制性实验具体可分为三类，即（1）图片分类和命名测试：分别从汉语儿童的理解和产出两方面出发，以图片分类和图片命名的方式，探索48名3—5岁儿童不同范畴层次词汇的发展顺序，以及在儿童的理解和产出上，哪个范畴层次占主导地位。（2）语义在线加工测试：从汉语语义加工角度出发，采取控制实验的研究手段，探讨不同范畴层次在人脑中加工的难易程度，探究年龄、刺激类型、范畴层次等因素对儿童整体范畴加工过程的影响。（3）ERP脑电测试：通过事件相关电位技术研究不同范畴层次的动词是否会影响汉语中动句的语义加工。本章节将对以上内容进行详细探讨。

## 第一节 图片分类和命名测试

本实验的目的是从理解和产出两个方面分别探索汉语儿童上位范畴层次词汇、基本范畴层次词汇和下位范畴层次词汇的发展顺序，以及占据主导优势的范畴层次词汇。同时，本节希望通过图片分类和命名测试进一步探索儿童范畴能力发展过程中，呈现怎样的范畴化与非范畴化的认知过程。

### 一 儿童早期词汇发展概述

为了对儿童词汇能力及范畴能力的发展情况有一个整体性的了

解，首先我们将对儿童早期词汇的发展进行概述。由于本实验的受试年龄段为3—5岁，所以我们对儿童词汇发展的描述将会集中在这三个年龄段的范围内。

参照李宇明（1995）有关汉语儿童早期语言发展的数据，以及蒋雅文（2000）有关汉语词类发展的论述，本研究对三个年龄段的汉语儿童早期词汇发展及汉语儿童早期范畴词汇发展大致状况罗列成表5.1。从中我们可以得出以下的结论：从横向的角度来看，汉语儿童早期习得的词汇总量随着年龄的增加呈现出明显的上升趋势；汉语儿童早期三种不同范畴层次词汇的数量也随着年龄的增加而增长。从纵向的角度来看，无论在哪个年龄段，与上位范畴层次词汇和下位范畴层次词汇相比，基本范畴层次词汇总是占据主导地位。

表 5.1　不同年龄段汉语儿童早期词汇发展及早期范畴词汇发展

| 词汇量年龄（月） | 36 | 48 | 60 |
| --- | --- | --- | --- |
| 上位层次 | 15 | 27 | 39 |
| 基本层次 | 256 | 484 | 653 |
| 下位层次 | 163 | 270 | 368 |
| 词汇总量 | 1305 | 1783 | 2358 |

## 二　实验数据统计结果和分析

实验人员统计了不同年龄段的受试儿童在产出和理解测试中能够分辨和说出不同范畴层次词汇的人数（如表5.2）。在理解测试中，三个年龄段中能分出上位层次词汇、基本层次词汇和下位层次词汇的人数差别很小，所有的5岁和4岁的受试（G2，G3）均能正确理解这三个层次的词汇，只有G1中的4名3岁儿童不能分出服饰和动物，也就是说他们不能正确地理解上位层次词汇，但是所有3岁儿童都能正确理解基本层次词汇和下位层次词汇。由此，我们推断儿童在对范畴理解能力上的发展顺序依次为基本层次、下位层次和上位层次。

与理解测试不同，儿童在范畴层次词汇的产出上有明显的差异。

所有儿童都可以正确地产出基本层次词汇，各年龄组可以产出下位层次词汇（能说具体车船花树）的儿童数量均少于对应年龄组可以产出基本层次词汇（能说出车和船，能说出花和树）的儿童数量，而且只有G3中的4名5岁儿童能说出交通工具和植物，也就是说他们可以产出上位层次词汇。实验数据显示，基本层次词汇在儿童的分类和命名上占据很大优势，其次是下位层次词汇和上位层次词汇，因此，我们认为，在产出测试中，基本层次词汇占绝对优势，其次是下位层次词汇和上位层次词汇，儿童不同范畴层次词汇产出的顺序首先是基本层次词汇，其次是下位层次词汇和上位层次词汇。

表5.2　汉语儿童理解和产出不同范畴层次词汇的人数

| 受试 年龄（年/月） | 受试人数 | 理解测试（人数） | | 产出测试（人数） | | | |
|---|---|---|---|---|---|---|---|
| | | 能分出服饰和动物 | 能分出上衣和鞋子 | 能说出交通工具和植物 | 能说出车和船 | 能说出花和树 | 能说出具体车船花树 |
| G1（3；5） | 30 | 26 | 30 | 0 | 30 | 30 | 15 |
| G2（4；3） | 30 | 30 | 30 | 0 | 30 | 30 | 21 |
| G3（5；5） | 30 | 30 | 30 | 4 | 30 | 30 | 24 |

表5.3就不同年龄段的儿童对于范畴层次词汇的理解和产出的正确比率进行了进一步的统计。数据显示，在理解测试中，除了3岁儿童（G1）正确率低于100%（86.7%），其余4—5岁年龄段的受试（G2，G3）均能对上位范畴层次词汇进行分类。此外，这三个年龄段的儿童（G1，G2，G3）都能准确地区分基本范畴层次词汇和下位范畴层次词汇，这一结果说明3岁的儿童（G1）已经能够对名词范畴的三个层次进行正确地分类。在产出测试中，100%的儿童能够正确地说出基本范畴层次词汇，对于下位范畴层次词汇而言，50%的3岁儿童（G1）、70%的4岁儿童（G2）以及80%的5岁儿童（G3）能正确说出下位范畴层次词汇。由此可见，受试儿童对下位范畴层次词汇的产出量是随着年龄的增长而逐渐增加的。对于上位范畴层次词汇而言，除了13.3%的5岁儿童（G3）能说出外，年龄较小的儿童都

不能说出上位范畴层次词汇。测试结果显示，对于儿童产出来说，基本范畴层次占主导地位，接着依次是下位范畴层次和上位范畴层次。

表5.3　　　　不同年龄段汉语儿童对于范畴层次词汇的
理解和产出的正确比率

| 范畴层次年龄 | 理解（%） | | | 产出（%） | | |
|---|---|---|---|---|---|---|
| | G1 (3; 5) | G2 (4; 3) | G3 (5; 5) | G1 (3; 5) | G2 (4; 3) | G3 (5; 5) |
| 上位层次 | 86.7 | 100 | 100 | 0 | 0 | 13.3 |
| 基本层次 | 100 | 100 | 100 | 100 | 100 | 100 |
| 下位层次 | 100 | 100 | 100 | 50 | 70 | 80 |

从以上的实验分析结果中，我们可以得出以下结论：在儿童的理解测试中，上位层次词汇，基本层次词汇，下位层次词汇对这些3—5岁的儿童来说不存在显著性的差异，即虽然总体来说基本范畴层次词汇占主导地位，但是三种不同范畴层次词汇的主导性差异并不明显，只是它们的发展顺序略微不同，范畴的发展顺序依次为基本层次词汇，下位层次词汇再到上位层次词汇。但是，在儿童的产出测试中，三种范畴层次词汇则出现了比较明显的差异，基本层次词汇占显著优势，下位层次词汇居中，上位层次词汇占劣势。此外，不同范畴层次词汇在儿童的产出过程中出现的顺序不同，首先发展的范畴为基本层次词汇，其次为下位层次词汇，最后为上位层次词汇。

### 三　儿童早期词汇发展与范畴层次词汇发展的关系

图片分类和命名测试的实验结果显示，在汉语儿童早期范畴词汇发展方面，无论是理解测试还是产出测试，基本范畴层次词汇总是占据优势地位，接着是下位范畴层次词汇和上位范畴层次词汇。而儿童早期词汇发展数据也显示，无论在3岁、4岁还是5岁年龄段，基本范畴层次词汇量总是高于上位范畴层次词汇量和下位范畴层次词汇量，由此我们可以得知，在汉语儿童早期词汇发展中，儿童习得最多的范畴层次词汇为基本范畴层次词汇。

## 四 讨论

### (一) 研究启迪

以上控制实验的数据显示,儿童对范畴层次词汇产出和理解的正确率从高到低排序依次为基本层次词汇、下位层次词汇和上位层次词汇,其中儿童对范畴层次的理解比产出要容易很多。基本层次词汇在产出和理解方面均占优势,下位层次词汇和上位层次词汇的产出随着儿童年龄的增长而逐步增加。

以上关于汉语儿童早期范畴分类能力发展的初步结论,有助于进一步研究儿童早期认知发展与语言习得的关系。早期词汇具有显著的基本层次效应,这在一定程度上表明儿童的词汇发展是早期认知结构的映射,进而支持了 Rosch 等(1976)和 Jiang(2000)之前的研究结果。本研究的这些发现佐证了基本范畴层次词汇在早期词汇发展中占据首要概念地位,并且为它所体现出的人类认知的共同特征提供了实证依据。

本研究的结论支持原型理论对儿童范畴分类能力发展的阐释,范畴化是人们在社会实践中通过语言按区别性特征对事物进行概括和分类的一种认知活动,它的主要作用是帮助人们在差异中找出相似点从而实现认知的经济性,并以最有效的方式对客观世界的概念进行存储和记忆。范畴划分是一个从特殊(或具体)到一般(或抽象)的认知过程,儿童早期占主导的范畴是基本范畴层次,其次是下位范畴层次。

从认知方式上看,范畴化是从个别到一般追求共性的认知过程。从全面的视角看,认知的完整性还包括从一般到个别追求个性的过程,该过程便是语言的非范畴化,即一定条件下范畴成员逐渐失去自身范畴特征并同时获得新的范畴特征的过程(刘正光,2006)。范畴化和非范畴化认知过程往往交织在一起,构成了语言体系动态发展的一个有机整体。以上控制实验的结果显示,学龄前儿童已经能够毫无困难地理解上位层次词汇并产出一些上位层次词汇。因此,本研究认为儿童很早就开始了非范畴化的认知,正是范畴化(从特殊到一般)

和非范畴化（从一般到特殊）的共同作用，不仅促进了儿童早期范畴分类能力的发展，也促进了儿童对事物的认知和他们对语言的创新。

（二）研究不足与建议

本节实验调查的是 3 岁、4 岁和 5 岁三个不同年龄段的汉语儿童的范畴层次词汇的发展。该实证研究有利于探究汉语儿童早期范畴发展的理解和产出规律。然而，本研究仍存在一些不足之处，需要进一步地探究与完善。

第一，受试样本数量相对较少。参与本次实验的受试年龄段局限在 3—5 岁。如果能把参与实验的受试范围扩大至婴幼儿和学龄儿童，那么将会为儿童范畴层次发展提供更完整的数据，使实验结果更具说服力。

第二，实验方法有些局限。本实验只采用了图片分类和命名测试这两种实验方法。如果能采取多种实验方法，例如依据图片找朋友、自由选择图片等，那么实验数据将会更具可靠性。

第三，本调查的时间周期较短。调查时间短导致本实验没能完整地展现出汉语儿童范畴层次词汇的发展，如果调查时间能超过一年并且数据收集密度能达到一周一次，那么实验数据将会更完整更可靠。

## 五 结论

本实验研究结果表明，在汉语儿童早期的词汇理解和产出中，基本层次词汇占主导地位。儿童范畴的发展顺序先是基本层次词汇，其次是下位层次词汇，最后才是上位层次词汇。本研究的结论支持原型理论对儿童范畴分类能力发展的阐释，范畴划分是一个从特殊（或具体）到一般（或抽象）的认知过程，儿童早期占主导的范畴是基本范畴层次，其次是下位范畴层次。另外，儿童很早就开始了非范畴化的认知，范畴化（从特殊到一般）和非范畴化（从一般到特殊）的共同作用，不仅促进了儿童早期范畴分类能力的发展，也促进了儿童对事物的认知和他们对语言的创新。

（1）在儿童的理解测试中，上位层次词汇，基本层次词汇，下位层次词汇对这些3—5岁的儿童同等重要，范畴的发展顺序为基本层次词汇，下位层次词汇再到上位层次词汇。

（2）在儿童的产出测试中，有比较明显的差异，基本层次词汇在儿童早期词汇中占优势，下位层次词汇次之。儿童习得范畴词汇的顺序为基本层次词汇、下位层次词汇再到上位层次词汇。具体结论如下：儿童早期范畴能力的发展表现为范畴化与非范畴化交互作用的认知过程，儿童范畴化与非范畴化的活动共同促进了以汉语为母语的儿童范畴能力的发展。

## 第二节　语义在线加工

本研究采取控制实验的研究手段，探讨代表不同范畴的词语或图片在人脑中的加工难易度以及对成人和儿童整体范畴加工过程的影响。实验采用 E-prime 软件，需要受试进行按键反应，计算受试对不同范畴层次词语的反应时间以及正误判断比率。

### 一　数据统计结果

关于语义在线加工测试的实验结果，我们首先对成人和儿童两个年龄组被试的反应时和正确率进行了初步的数据调查与分析，具体结果如表5.4和5.5所示：

表 5.4　　　　　　　　成人反应时和正确率统计

| 成人 | | 上位层次 | 基本层次 | 下位层次 |
|---|---|---|---|---|
| 文字 | 正确率（%） | 1（17.49） | 2（16.833） | 3（15.96） |
| | 反应时（ms） | 3（667.95） | 2（669.033） | 1（672.49） |
| 图片 | 正确率（%） | 1（17.57） | 2（16.96） | 3（14.46） |
| | 反应时（ms） | 3（677.68） | 2（657.12） | 1（630.8426） |

表5.4显示，不论刺激类型是文字还是图片，从反应时上看，成年人总是对下位范畴层次词汇的反应时最短（文字：672.49ms；图片：630.8426ms），而对上位范畴层次词汇的反应时最长（文字：669.033ms；图片：677.68ms）；从正确率的角度来看，上位范畴层次词汇的正确率最高（文字：17.49%；图片：17.57%），而下位范畴层次词汇的正确率却总是最低（文字：15.96%；图片：14.46%）。基本范畴层次词汇在反应时和正确率上均处于中间位置（附录9和附录10）。

表5.5　　　　　　　　儿童反应时和正确率统计

| 儿童 | | 上位层次 | 基本层次 | 下位层次 |
| --- | --- | --- | --- | --- |
| 文字 | 正确率（%） | 1（14.6215） | 2（13.33） | 3（12.87） |
| | 反应时（ms） | 3（778.70） | 2（750.12） | 1（749.85） |
| 图片 | 正确率（%） | 1（15.85） | 2（15.19） | 3（11.75） |
| | 反应时（ms） | 3（839.14） | 2（820.20） | 1（780.07） |

表5.5显示了儿童对于上位范畴层次词汇、基本范畴层次词汇和下位范畴层次词汇这三个范畴层次词汇理解加工的反应时和正确率。从表中我们可以看出，不管材料刺激的类型是文字还是图片，对儿童来说，上位范畴层次词汇需要最长的反应时（文字：778.70ms；图片：839.14ms），但同时该层次的词汇被加工的正确率也是最高的（文字：14.6215%；图片：15.85%），而基本范畴层次词汇无论是在反应时还是正确率上都是居中的（附录11和附录12）。

当我们结合表5.4和表5.5，将成年人和儿童的反应时和正确率作对比时，可以清楚地看到，虽然成年人和儿童对于三个范畴层次词汇的语义加工模式基本上一致，但相较之下，成年人的加工效率更高，主要表现为成年人有更快的反应时以及更高的正确率。

## 二　数据统计分析

通过以上初步的数据分析结果，我们对成年人和儿童对范畴的语义加工过程有了大致了解。在进行了初步的数据分析之后，为了对受试的语义加工情况进行更深层次的分析，我们利用 SPSS 对数据进行了进一步的统计和分析，主要采用了多因素方差分析、双因素方差分析和单因素方差分析等方法来检验范畴层次、年龄、刺激类型等因素是否会对受试的语义加工过程产生显著性的影响。

（一）三因素方差分析

表 5.6 是对实验中各变量，包括年龄、刺激类型、范畴层次三因素及基本、下位、上位三个层次的详细描述：

表 5.6　　年龄、刺激类型、范畴层次的交互

| | 组别 | 反应时（ms） | 正确率（%） |
|---|---|---|---|
| 年龄 \* 刺激类型 \* 范畴层次 | 成人\_文字\_基本 | 669.03 | 16.83 |
| | 成人\_文字\_下位 | 672.03 | 15.97 |
| | 成人\_文字\_上位 | 667.95 | 17.49 |
| | 成人\_图片\_基本 | 657.12 | 16.96 |
| | 成人\_图片\_下位 | 630.84 | 14.46 |
| | 成人\_图片\_上位 | 677.68 | 17.57 |
| | 儿童\_文字\_基本 | 750.12 | 13.37 |
| | 儿童\_文字\_下位 | 741.85 | 12.89 |
| | 儿童\_文字\_上位 | 728.70 | 14.62 |
| | 儿童\_图片\_基本 | 820.20 | 15.19 |
| | 儿童\_图片\_下位 | 780.07 | 11.75 |
| | 儿童\_图片\_上位 | 839.14 | 15.85 |

表 5.6 很好地呈现了成人和儿童在接受不同刺激类型和加工不同范畴层次词汇过程中的表现。据表 5.6 显示，每组在反应时和正确率上并没有出现很大的差距，这也就意味着年龄、刺激类型和范畴层次这三个因素之间可能并不存在显著的交互效应。为了验证以上假设，我们进行了三因素方差分析。三因素方差分析的结果如表 5.7 和 5.8 所示：

表 5.7　　　以反应时为因变量的三因素方差分析结果

| 方差来源 | 平方和 | 自由度 | 均方和 | F | p |
|---|---|---|---|---|---|
| 年龄 | 1391741.177 | 1 | 1391741.177 | 112.246 | .000 |
| 刺激类型 | 19557.323 | 1 | 19557.323 | 1.577 | .210 |
| 范畴层次 | 60623.964 | 2 | 30311.982 | 2.445 | .088 |
| 年龄*刺激类型*范畴层次 | 3308.520 | 2 | 1654.260 | .133 | .875 |

表 5.7 显示，年龄因素在反应时上主效应显著（$F=112.246$，$p=.000<.05$），但刺激类型和范畴层次这两个因素对反应时的影响则不具有统计学意义上的显著性（$F=1.577$，$p=.210>.05$；$F=2.445$，$p=.088>.05$）。另外，三个因素在反应时上的交互效应也不显著（$F=.133$，$p=.875>.05$）。

表 5.8　　　以正确率为因变量的三因素方差分析结果

| 方差来源 | 平方和 | 自由度 | 均方和 | F | p |
|---|---|---|---|---|---|
| 年龄 | 661.511 | 1 | 661.511 | 160.848 | .000 |
| 刺激类型 | .100 | 1 | .100 | .024 | .876 |
| 范畴层次 | 409.372 | 2 | 204.686 | 49.770 | .000 |
| 年龄*刺激类型*范畴层次 | 7.739 | 2 | 3.869 | .941 | .391 |

表 5.8 反映了三个因素对正确率的影响及三因素之间的交互效应。结果表明，年龄（$F=160.848$，$p=.000<.05$）和范畴层次（$F=49.770$，$p=.000<.05$）对正确率的影响具有显著性，但是三个因素在正确率上的交互效应并不显著（$F=.941$，$p=.391>.05$）。

综上所述，在范畴层次词汇的语义加工过程中，年龄、刺激类型和范畴层次三个因素之间没有显著的交互效应，但是年龄因素在语义加工过程中具有明显主效应，即该因素在语义加工过程中起到了重要的作用，也就是说，成年人和儿童之间的语义加工效率存在显著差异。结合表 5.6 来看，显而易见的是，成人的反应比儿童快，正确率也更高。此外，范畴层次因素对词汇加工的正确率产生了重要的影响，而刺激类型对加工的正确率并未产生任何影响。

（二）双因素方差分析

虽然以上三因素方法的分析结果显示三个因素之间并没有显著的交互效应，但是我们发现年龄因素和范畴层次因素比刺激类型因素对语义加工过程的影响更大。为进一步探究三个因素的作用，我们进行了双因素方法分析，进一步探究在年龄、范畴层次和刺激类型这三个因素中，每两个因素之间是否存在交互效应。表 5.9 显示了初步分析的结果。

表 5.9　　　　年龄、刺激类型、范畴层次两两交互

|  | 组别 | 反应时（ms） | 正确率（%） |
| --- | --- | --- | --- |
| 年龄 * 刺激类型 | 成人_文字 | 667.84 | 16.77 |
|  | 成人_图片 | 655.22 | 16.33 |
|  | 儿童_文字 | 759.56 | 13.62 |
|  | 儿童_图片 | 813.14 | 14.26 |
| 年龄 * 范畴层次 | 成人_基本 | 663.08 | 16.89 |
|  | 成人_下位 | 651.67 | 15.22 |
|  | 成人_上位 | 672.82 | 17.54 |
|  | 儿童_基本 | 785.16 | 14.26 |
|  | 儿童_下位 | 764.96 | 12.33 |
|  | 儿童_上位 | 808.92 | 15.24 |
| 刺激类型 * 范畴层次 | 文字_基本 | 709.58 | 14.97 |
|  | 文字_下位 | 711.17 | 14.43 |
|  | 文字_上位 | 723.33 | 16.06 |
|  | 图片_基本 | 738.66 | 16.07 |
|  | 图片_下位 | 705.46 | 13.11 |
|  | 图片_上位 | 758.41 | 16.71 |

从表 5.9 中我们可以看到，在年龄和刺激类型这两个因素的交互下，每一组之间在反应时上可能存在交互效应。首先，就反应时这一因变量来说，因为在年龄 * 刺激类型两因素交互的结果显示，成人对

图片的反应时最短（655.22ms），儿童对图片的反应时最长（813.14ms），反应时之间相差157.93ms。而另外两组之间在反应时上的差异则分别为157.25ms和52.95ms，差异相对较小，因此，年龄*刺激类型这组存在显著交互效应的可能性最高。其次，从正确率上看，年龄*范畴层次的交互效应可能最为明显。

为了验证上述假设，我们进行了双因素方法分析，分析结果如表格5.10和5.11所示。

表5.10　　以反应时为因变量的双因素方差分析结果

| 方差来源 | 平方和 | 自由度 | 均方和 | $F$ | $p$ |
| --- | --- | --- | --- | --- | --- |
| 年龄*刺激类型 | 96077.896 | 1 | 96077.896 | 7.749 | .006 |
| 年龄*范畴层次 | 8642.877 | 2 | 4321.438 | .349 | .706 |
| 刺激类型*范畴层次 | 28584.450 | 2 | 14292.255 | 1.153 | .317 |

表5.10显示，从反应时上看，年龄和刺激类型交互效应显著（$F=7.749$, $p=.006<.05$），但年龄*范畴层次（$F=.349$, $p=.706>.05$）和刺激类型*范畴层次（$F=1.153$, $p=.317>.05$）之间则不存在显著的交互效应。

表5.11　　以正确率为因变量的双因素方差分析结果

| 方差来源 | 平方和 | 自由度 | 均方和 | $F$ | $p$ |
| --- | --- | --- | --- | --- | --- |
| 年龄*刺激类型 | 15.211 | 1 | 15.211 | 3.699 | .055 |
| 年龄*范畴层次 | 4.572 | 2 | 2.286 | .566 | .574 |
| 刺激类型*范畴层次 | 89.450 | 2 | 44.725 | 10.875 | .000 |

表5.11显示，从正确率上看，刺激类型和范畴层次之间存在显著的交互效应（$F=10.875$, $p=.000<.05$），另外两组则没有显著的交互效应。

综上所述，对反应时这一因变量而言，年龄和刺激类型之间交互效应显著，对正确率这一因变量来说，刺激类型和范畴层次之间交互效应显著。

(三) 单因素方差分析

为进一步探究各因素对语义加工过程产生的影响，本研究进行了一系列的单因素方差分析，各因素下（年龄、刺激类型、范畴层次）的反应时和正确率如表 5.12 所示。

表 5.12　各年龄、刺激类型及范畴层次组的反应时和正确率

|  | 组别 | 反应时（ms） | 正确率（%） |
| --- | --- | --- | --- |
| 年龄 | 成人 | 662.52 | 16.55 |
|  | 儿童 | 786.35 | 13.94 |
| 刺激类型 | 文字 | 715.27 | 15.19 |
|  | 图片 | 734.18 | 15.29 |
| 范畴层次 | 基本 | 724.12 | 15.58 |
|  | 下位 | 708.31 | 13.77 |
|  | 上位 | 740.87 | 16.39 |

从年龄组来看，成年人的反应时间比儿童快，正确率比儿童高；从刺激类型来看，成人和儿童都对文字刺激的反应比对图片刺激的反应快，但两者之间并没有很大的差异，而且他们对图片刺激的判断正确率都较高；从范畴层次上看，不考虑年龄和刺激类型的影响，下位范畴层次词汇的反应时最快但正确率最低，而上位范畴层次词汇获得的正确率最高但其反应时最慢，基本范畴层次词汇居于两者之间。结合前文的三因素方法分析的结果可知，成年人的效率更高、反应更快，所以年龄因素对语义加工具有显著性的影响。而且三种范畴层次词汇的加工效率也有明显差异。但是两种刺激类型对反应时和正确率的影响则似乎不够显著。因此，本文进行单因素方差分析，分别更为深入地分析了三个因素对词语语义加工过程的影响，结果如表 5.13—表 5.20 所示。

表 5.13 　　以文字为刺激类型、成人的反应时为因变量的
单因素方差分析结果

| 成人_文字_反应时 | 平方和 | 自由度 | 均方和 | F | p |
| --- | --- | --- | --- | --- | --- |
| 组间 | 323.338 | 2 | 161.669 | .017 | .984 |
| 组内 | 845785.9 | 87 | 9721.677 | | |
| 总和 | 846109.2 | 89 | | | |

表 5.13 是以文字为刺激类型、成人的反应时为因变量的单因素方差分析结果。表中显示，对成年人来说，在以文字为刺激的情况下，不同范畴层次词汇的加工时间不存在显著的差异（$F=.017$，$p=.984>.05$）。

表 5.14 　　以文字为刺激类型、成人的正确率为因变量的
单因素方差分析结果

| 成人_文字_正确率 | 平方和 | 自由度 | 均方和 | F | p |
| --- | --- | --- | --- | --- | --- |
| 组间 | 35.467 | 2 | 17.733 | 5.577 | .005 |
| 组内 | 276.633 | 87 | 3.180 | | |
| 总和 | 312.100 | 89 | | | |

表 5.14 是以文字为刺激类型、成人的正确率为因变量的单因素方差分析结果。不同于表 5.13，表 5.14 显示，对于成年人来说，当刺激类型为文字时，成人对不同范畴层次词汇加工的正确率存在显著性的差异（$F=5.577$，$p=.005<.05$）。

表 5.15 和表 5.16 是以图片为刺激类型、范畴层次为自变量的单因素方差分析的结果。

表 5.15 　　以图片为刺激类型、成人的反应时为因变量的
单因素方差分析结果

| 成人_图片_反应时 | 平方和 | 自由度 | 均方和 | F | p |
| --- | --- | --- | --- | --- | --- |
| 组间 | 30283.851 | 2 | 15141.926 | 1.552 | .218 |
| 组内 | 848840.8 | 87 | 9756.791 | | |
| 总和 | 879124.7 | 89 | | | |

表 5.15 显示，对成年人来说，在以图片为刺激类型的情况下，不同范畴层次词汇的加工时间不存在显著性的差异（$F=1.552$, $p=.218>.05$）。

表 5.16　以图片为刺激类型、成人的正确率为因变量的
单因素方差分析结果

| 成人_图片_正确率 | 平方和 | 自由度 | 均方和 | F | p |
| --- | --- | --- | --- | --- | --- |
| 组间 | 152.689 | 2 | 76.344 | 24.512 | .000 |
| 组内 | 270.967 | 87 | 3.115 | | |
| 总和 | 423.656 | 89 | | | |

表 5.16 显示，对成年人来说，当刺激类型为图片时，不同范畴层次的正确率存在显著差异（$F=1.552$, $p=.000<.05$）。

综上所述，通过 5.13 至 5.16 表格的分析结果，我们可以得出以下结论：对成年人来说，无论刺激类型是文字还是图片，范畴层次的不同会对他们的语义加工过程产生显著的影响，且对加工正确率的影响最为显著。

接下来，我们继续探究这三个因素是否会对儿童的语义加工过程产生显著影响。表 5.17 和表 5.18 显示了以文字刺激类型为自变量、儿童的反应时和儿童的正确率为因变量的单因素方差分析的结果。

表 5.17　以文字为刺激类型、儿童的反应时为因变量的
单因素方差分析结果

| 儿童_文字_反应时 | 平方和 | 自由度 | 均方和 | F | p |
| --- | --- | --- | --- | --- | --- |
| 组间 | 16598.179 | 2 | 8299.090 | .500 | .608 |
| 组内 | 1444846 | 87 | 16607.430 | | |
| 总和 | 1461445 | 89 | | | |

表 5.17 显示，对儿童来说，当刺激类型为文字时，不同范畴层次词汇的加工时间不存在显著差异（$F=.500$, $p=.608>.05$）。

表 5.18　以文字为刺激类型、儿童的正确率为因变量的
单因素方差分析结果

| 儿童_ 文字_ 正确率 | 平方和 | 自由度 | 均方和 | $F$ | $p$ |
| --- | --- | --- | --- | --- | --- |
| 组间 | 50.289 | 2 | 25.144 | 4.498 | .014 |
| 组内 | 486.333 | 87 | 5.590 | | |
| 总和 | 536.622 | 89 | | | |

表 5.18 显示，对儿童来说，出现的刺激类型为文字时，不同范畴层次词汇的正确率之间存在显著差异（$F=4.498$，$p=.014<.05$）。

表 5.19 和表 5.20 是以图片为刺激类型、范畴层次为自变量的单因素方差分析的结果。

表 5.19　以图片为刺激类型、儿童的反应时为因变量的
单因素方差分析结果

| 儿童_ 图片_ 反应时 | 平方和 | 自由度 | 均方和 | $F$ | $p$ |
| --- | --- | --- | --- | --- | --- |
| 组间 | 53954.441 | 2 | 26977.221 | 1.997 | .142 |
| 组内 | 1175375 | 87 | 13510.059 | | |
| 总和 | 1229330 | 89 | | | |

表 5.19 显示，对儿童来说，当刺激类型为图片时，不同范畴层次词汇的加工时间无显著差异（$F=1.997$，$p=.142>.05$）。

表 5.20　以图片为刺激类型、儿童的正确率为因变量的
单因素方差分析结果

| 儿童_ 图片_ 反应时 | 平方和 | 自由度 | 均方和 | $F$ | $p$ |
| --- | --- | --- | --- | --- | --- |
| 组间 | 272.689 | 2 | 136.344 | 29.859 | .000 |
| 组内 | 397.267 | 87 | 4.566 | | |
| 总和 | 669.956 | 89 | | | |

表 5.20 显示，对儿童来说，在以图片为刺激的情况下，不同范畴层次的正确率存在显著差异（$F=29.859$，$p=.000<.05$）。

综上所述，通过观察表5.17到表5.20，我们可以得出以下结论：对于儿童而言，无论刺激材料是文字还是图片，范畴层次都会对他们的语义加工过程产生显著影响，和成年人一样，范畴层次对正确率产生的影响最为显著。

### 三 主要发现

本实验从汉语语义加工的角度出发，通过控制实验记录并比较被试的反应时和正确率，以探究不同范畴层次词汇在人脑中的加工难易度，以及年龄、刺激类型、范畴层次等因素对整体范畴加工过程的影响。

首先，我们要解决的第一个问题是描述母语为汉语的成人和儿童在三种不同范畴层次词汇语义加工过程中反应时和正确率两方面的情况。基于对成年人和儿童的反应时和正确率的分析结果，我们得出：对于汉语成年人和儿童来说，无论刺激类型如何（词语或图片），他们总体的加工情况是类似的，均在判断上位范畴层次词汇时反应时最长，但正确率最高；对下位范畴层次词汇反应时最短，但正确率最低；对基本范畴层次词汇的正确率和反应时则均列第二。

其次，我们研究的第二个问题是比较汉语成人和儿童的语义加工过程，确定成人和儿童的加工模式是否存在差异，从而证实人类认知共性的存在。研究结果证明，成年人和儿童对于不同范畴层次词汇的语义加工整体模式基本相同，唯一的区别在于，成年人的加工效率更高，主要体现在成年人整体的反应时和正确率都高于儿童。

最后，为了解决第三个研究问题，即全面了解年龄、刺激类型等因素对语义加工过程会产生怎样的影响，我们借助SPSS对数据进行了全面的统计分析。通过多因素方差分析、双因素方差分析以及单因素方差分析等方法，我们重点探究了三个因素，即年龄、刺激类型、范畴层次，对整体范畴词汇加工过程的影响。通过三因素方差分析和双因素方差分析，我们发现年龄、刺激类型、范畴层次三因素之间不存在交互效应；刺激类型和年龄、刺激类型和范畴层次两两因素之间存在交互效应，该效应表现在成人对图片的反应时快于文字；成人和儿童在判断上位范畴层次词语对应的图片时的正确率最高。然后我们分别探究了每个因素对语义加工的影响，单因素方差分析结果显示，年龄对语义加工过程的影响具有显著性，成年人在反应时和正确率的表现上远远优于儿童；刺激类型对语义加工的影响则不具显著性；不同范畴层次词汇被加工的效率存在明显差异，这种差异性主要体现在正确率上。

## 四 讨论

以上研究结果都是在确保数据真实性的实验中得出来的。当然，本研究仍存在一些不足之处，下面我们将对以上的分析结果进行更深层次的讨论。

### (一) 研究启迪

根据 Rosch 等的观点（1976），每个范畴系统都呈现金字塔式的层次性，位于塔尖的范畴高度概括、相对抽象，越向下，范畴层次则越具体，从上至下的范畴层次为：上位范畴层次、基本范畴层次、下位范畴层次。根据每个范畴层次在抽象程度上的不同，人们对每个层次的认知效率也不同。在上位范畴层次、下位范畴层次及基本范畴层次中，Rosch 等认为基本范畴层次是认知过程最简单、认知效率最高的，在人们的心理中占有特别凸显（salience）的地位，但本文的实验结果似乎与上述的观点不一致。在本实验中，并没有明显的证据表明基本范畴层次的凸显性，而且基本范畴层次的加工时间既不是最短的、正确率也不是最高的，似乎并没有体现出其在认知上的凸显性，这要如何解释呢？我们可从以下几个不同的方面进行解释。

实际上，根据 Murphy（1985）的观点，"细节性"（specificity）和"区分度"（distinctiveness）是影响范畴表征的两个最重要的因素。"细节性"顾名思义，用来衡量某个客观物体所包含的细节，该物体的细节性越高，它与同范畴内其他物体的相似性就越高。"区分度"

指的是某个范畴与其相对范畴差异性的高低，一个范畴的区分度越高，它与其他范畴的相似性就越低。因此，比较上位、基本、下位这三个范畴层次，上位范畴层次的区分度最高但细节性最低；下位范畴层次的细节性最高但区分度最低，基本范畴层次居中。这也就可以合理解释为什么下位范畴层次虽然蕴含了很多细节，获得了最快的反应时，正确率却最低，因为下位范畴层次的词语缺乏区分度，这使得被试难以做出精准的判断。而上位范畴层次的词语概括性强、区分度高，易于正确判断，但因其缺乏较高的细节性，使得受试对该层次词汇的反应时延长。基本范畴层次在细节性和区分度上取得了较好的平衡，这就使得该层次的词汇在反应时和正确率上的表现都居于中等水平，这在某种程度上也可以视为凸显性。因此，综合来看，基本范畴层次词汇被加工的效率的确是三个层次中最高的，代表了三个层次中的"黄金中位"。

此外，本实验结果也体现出非范畴化对语义加工过程及上位范畴层次在正确率方面的凸显性的影响。非范畴化认知过程是指在一定条件下范畴成员逐渐失去范畴特征的过程。刘正光（2006）进一步指出，与静态的范畴化过程相比，非范畴化是一个动态变化的过程。非范畴化理论强调范畴成员之间没有明显的界线，每个范畴都有典型和非典型的成员。与典型成员相比，非典型成员可能丧失了典型成员的某些特征，或者非典型成员的范畴特征发生了转移以及获得了新的范畴特征。总之，非范畴化的过程是语言创新与发展的一种认知过程。本实验中，某些实验词语极有可能受到非范畴化的影响，上位范畴层次中的一些词汇在使用过程中可能丧失了原有的特征，逐渐获得一些基本范畴词汇的特征，导致其认知加工效率提高。例如，"衣服"一词原本属于上位词汇，但由于日常生活中的频繁使用，在使用语境中逐渐取代了一些基本范畴词汇，如"裤子"等。同样，在非范畴化的影响下，某些基本范畴词汇的抽象度越来越高、概括性越来越强，这就增加了人们对其的识别难度，导致人们对它们反应时延长、判断正确率降低。

本实验还有另一个目的，那就是对比成人和儿童的语义加工过程来为 Rosch 等人类认知共性的观点提供实证。实验结果发现成人和儿童在范畴加工模式上具有共性，这与人类认知共性的观点一致。因此，我们可以得出以下结论，人类在三个范畴层次即上位、基本、下位范畴层次的心理存储、表征及加工过程有相同的特点。

（二）与前人研究的不同

除了前面分析的因素之外，本实验设计与前人的种种不同也可能导致了研究结果的差异。主要不同表现在以下两方面。

第一，实验方法不同。本研究使用 E-prime 2.0 编制实验程序，采取线上控制实验的手段，要求受试进行及时的按键反应，反应时和正确率同时作为考察指标。在本实验中，受试的思维反应过程可以分解为归类和判断两步，即首先要对出现的前三个词语（图片）进行归类，确定它们属于哪一个范畴；第二步则需要判断而后出现的第四个词语（图片）是否和前三个词语（图片）属于同一范畴，整个实验过程中认知和分类共同参与。在本实验中，上位范畴层次词汇因其较高的抽象性和区分度，降低了受试对该类词汇的认知难度。具体来说，以"家具"、"桌子"、"餐桌"这组词为例，"家具"代表上位范畴层次词语，"桌子"代表基本范畴层次，"餐桌"代表下位范畴层次。对受试来说，识别某个物体是否属于家具的难度一定小于判断这个物体是否属于桌子或是餐桌的难度，所以受试对上位层次词语的判断正确率相对较高。而前人的实验通常只包含归类这一个过程，即受试只需要确定某个物体是否属于所给的范畴。举例来说，过去的研究者通常会展示给受试一幅图片，要求受试说出图片中物体是什么。在这样的实验要求下，基本范畴层次词汇"桌子"，因其在日常生活中较高的使用频率，获得最快的反应时也是合情合理的。总之，实验方法的不同会导致结果有所差异。

第二，实验语言不同，本实验语言是中文，而前人则多研究英文的语义加工情况。众所周知，英文属于屈折语言，中文的文字多为象形字。英文中，上位范畴词汇大多正式、复杂、抽象，词形相对较长，日常生活中的使用频率不高；下位范畴词汇则多为合成词组，包含的细节、变形较多。因此，在英文中，上位范畴层次和下位范畴层次词语的认知难度都比较高；而基本范畴词汇是在不需要特别细节时的缺省选择项，其词形相对简单，在语言中使用的频率较高，在人们的心理认知上占有凸显性地位。以"vehicle"（交通工具）、"truck"（卡车）、"fire truck"（消防车）为例，三个词汇都表示交通工具，但上位词"vehicle"较抽象，下位词"fire truck"指示的概念过细，处在两者之间的"truck"在应用和认知上更经济节省，对英文母语使用者来说使用最为便利。但在中文里的情况则不同，中文中三个范畴层次的词语在形式上并没有显著差异。如"衣服"、"裤子"、"短裤"这组词，虽然三者代表了同一个概念的三个范畴，但三者都是两字词语，在长度上一样；另外它们在复杂度上也没有很大区别，因此本实验中，上位范畴层次的词汇就更容易借助其高度的区分度获得更高的正确率。

（三）研究的不足与建议

本研究的语义在线加工实验首次从汉语语义加工角度出发，全面探讨了不同范畴层次在人脑中的加工难易度，以及年龄、刺激类型、范畴层次等因素对整体范畴加工过程的影响，具有较大的研究意义。当然，本研究仍存在一些不足之处。

第一，受试样本不够大。本实验选取了30个成年人和30个儿童作为受试，样本数量较小，使得实验结果还不具备足够的说服力，日后的研究可以扩大样本容量，增强实验结果应用的普遍性，使实验结果更具说服力。

第二，考虑因素不够全面。本实验重点研究了年龄、刺激类型、范畴层次这三个因素对语义加工过程的影响，有许多其他因素如性别、学习环境等均未涉及，它们也可能对加工过程产生影响，因此需要以后进一步的探究。

第三，实验词类不够全面。本实验词语均为名词，其他词性的词语如动词、形容词、副词均未考虑，日后的研究也需要完善。

第四，缺乏跨语言的共性研究。本实验以汉语成人和儿童为主要的研究对象，缺乏对不同语言使用者认知加工的探索，日后可以进一步进行跨语言研究，以证明研究结果具有跨语言的普遍性。

## 五 结论

在上位、基本、下位范畴层次中，基本范畴层次词汇的细节性和区分度居中，代表了三个层次中的"黄金中位"。和基本范畴层次词汇相比，上位范畴层次词语的概括性更强、区分度更高，因此受试加工上位范畴层次词汇时间较长；同时，基本范畴层次词汇和下位范畴层次词汇相比，下位范畴层次的词汇缺乏区分度，这使得被试难以做出精准的判断，正确率较低。综上所述，本实验结果概括为以下两点。

（1）年龄和范畴层次对汉语语义加工过程有显著影响；成人整体的反应时、正确率均高于儿童，不同范畴层次词汇被加工的效率也存在明显差异；成人与儿童对不同刺激类型的加工则无显著差异。

（2）无论是汉语成人还是儿童，均在判断上位层次词汇时正确率最高，反应时最长；对下位层次词汇反应时最快，但正确率最低；对基本范畴层次词汇的反应正确率和反应时则均列第二，处于"黄金中位"。

基于上述结果，本实验认为，汉语成人和儿童对三个范畴层次的语义加工认知存在共性，基本范畴层次被加工的效率相对最高。不过，受时间和其他因素的限制，该实验结果仍需开展更具深度的研究。

## 第三节 ERP 脑电测试中动句

### 一 中动结构的 ERP 主要发现

本实验借助 E-prime 和 ERP 软件分别收集受试的行为数据和脑电

数据。本节将对收集到的数据进行全面分析,从而探究汉语句子的加工特点,并探讨两类不同范畴层次的动词(基本范畴层次、下位范畴层次)是否会影响汉语中动句的语义加工。

(一)行为数据的实验结果

行为数据涉及三类不同类型的中动句:含基本范畴层次动词的中动句、含下位范畴层次动词的中动句、单纯语义违背的中动句。我们采用数据统计软件 SPSS 对收集到的行为数据进行了详细的对比和分析。三种句子的反应时和正确率如表 5.21 所示:

表 5.21　　　　　不同句子类型的反应时与正确率

| 句子类型 | 反应时(ms) | 标准差 | 正确率(%) | 标准差 |
| --- | --- | --- | --- | --- |
| 含基本层次动词的中动句 | 208.10 | 30.92 | 98.13 | .024 |
| 含下位层次动词的中动句 | 233.30 | 36.16 | 95.83 | .029 |
| 单纯语义违背的中动句 | 219.47 | 42.59 | 97.92 | .017 |

表 5.21 显示,含基本范畴层次动词的中动句的正确率为 98.13%,含下位层次动词的中动句的正确率为 95.83%,单纯语义违背的中动句的正确率为 97.92%,三种情况下的正确率都很高,这也就意味着受试都能够理解作为实验材料的句子。至于反应时,表中显示,含下位层次动词的中动句的反应时要比含基本层次动词的中动句长很多。

表 5.21 对比了含基本层次动词中动句和含下位层次动词中动句的反应时和正确率,结果发现含基本层次动词的中动句花费的时间更少,但准确率更高。为了进一步检测含基本层次动词的中动句和含下位层次动词的中动句之间是否有显著性的差异,我们分别对含基本层次动词中动句与含下位层次动词中动句反应时(见表 5.22)和正确率(见表 5.23)进行了单因素方差分析。

表 5.22　　含基本层次动词中动句与含下位层次动词
中动句反应时的单因素方差分析

|  | 平方和 | 自由度 | 均方和 | F | Sig. |
|---|---|---|---|---|---|
| 组间 | 5080.73 | 1 | 5080.73 | 4.488 | .043 |
| 组内 | 33959.05 | 30 | 1131.97 |  |  |
| 总和 | 39039.78 | 31 |  |  |  |

表 5.22 显示了含基本层次动词中动句与含下位层次动词中动句反应时单因素方差分析的结果。两种含有不同范畴层次动词的中动句之间存在显著差异（$F=4.488$，$p=.043<.05$）。此外，与加工含下位层次动词的中动句相比，受试在加工含基本层次动词的中动句时反应更快。从深层意义上来讲，相比较而言，基本范畴层次动词比下位范畴层次动词的认知过程更加容易。

表 5.23　　含基本层次动词中动句与含下位层次
动词中动句正确率的单因素方差分析

|  | 平方和 | 自由度 | 均方和 | F | Sig. |
|---|---|---|---|---|---|
| 组间 | .003 | 1 | .003 | 4.999 | .033 |
| 组内 | .021 | 30 | .001 |  |  |
| 总和 | .024 | 31 |  |  |  |

表 5.23 显示了含基本层次动词中动句与含下位层次动词中动句正确率的单因素方差分析。从组间和组内的角度来看，这两种含有不同范畴层次的情况之间存在显著差异（$F=4.999$，$p=.033<.05$）。这也就意味着，与含有下位层次动词的中动句相比，受试更容易接受含基本层次动词的中动句。

综上所述，含基本层次动词的中动句与含下位层次动词的中动句相比，前者的反应时比后者短，正确率比后者高，单因素方差分析结果表明两者在反应时及正确率上均存在显著性差异,受试更容易感知并接受含基本层次动词的中动句。

(二) 脑电数据的实验结果

本部分将主要呈现以三种不同类型的中动句（含基本层次动词的无违例中动句、含下位层次动词的无违例中动句、语义违例中动句）为刺激材料而诱发的并实时记录被试 64 导的脑电数据。脑电数据的结果对头皮中线位置和左右两侧电、时间窗为 300—500ms 和 550—800ms 的脑电波形图进行分析。

图 5.1 呈现了在中线电极 (Fz, Cz, Pz) 含基本层次动词的无违例中动句、含下位层次动词的无违例中动句和语义违例中动句这三种句子刺激类型而诱发的脑电波形图。从波形图中可以看出语义违例中动句的负波峰值是最高的,其次是含下位层次动词的无违例中动句,最后是含基本层次动词的无违例中动句。

图 5.2 显示了三种句子类型在左侧电极 (F5, C5, P5) 诱发的脑电波形图。从图中可以看出,语义违例中动句产生了最高峰值的负波,而含下位层次动词的无违例中动句与含基本层次动词的无违例中动句相比,前者产生的 N400 的波幅更大,即产生了更明显的 N400 成分。

图 5.3 呈现了在右侧电极 (F6, C6, P6) 三种句子类型诱发的脑电波形图。与图 5.1、图 5.2 一致,语义违例中动句的 N400 峰值是最高的,含基本层次动词的无违例中动句峰值是最低的,而含下位层次动词的无违例中动句的峰值居于中间位置。

表 5.24　　　　三种类型的句子所诱发的 N400 的平均
峰值及标准差 (中线电极)

| 句子类型 | 平均峰值 (uv) | 标准差 |
| --- | --- | --- |
| 含基本层次动词的中动句 | -1.25 | .679 |
| 含下位层次动词的中动句 | -2.11 | .716 |
| 单纯语义违背中动句 | -3.51 | .724 |

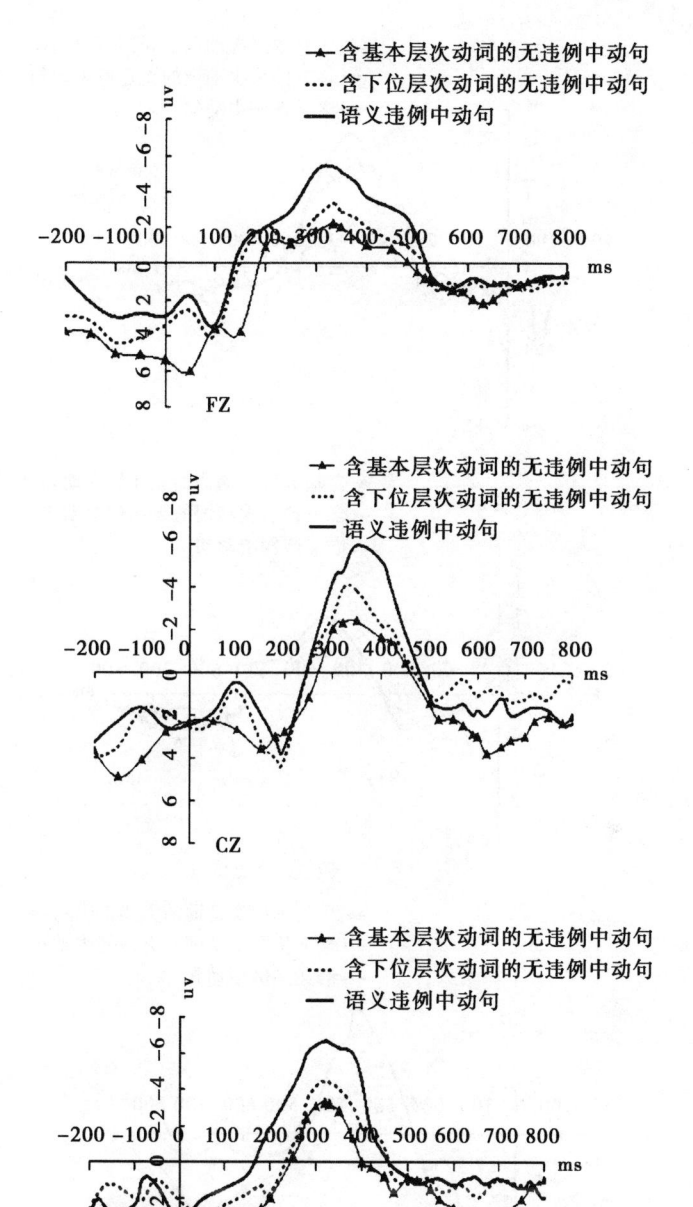

图 5.1 大脑中线三种句子类型的脑电波形图

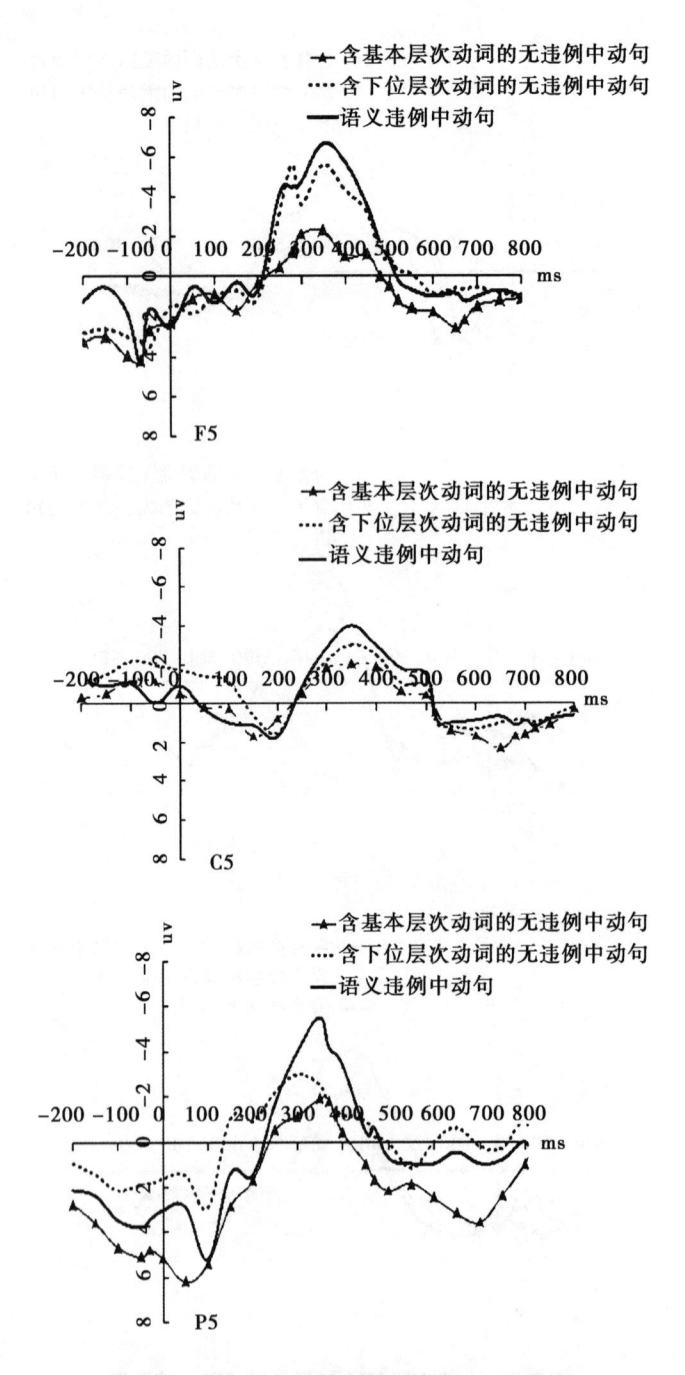

图 5.2 大脑左侧三种句子类型的脑电波形图

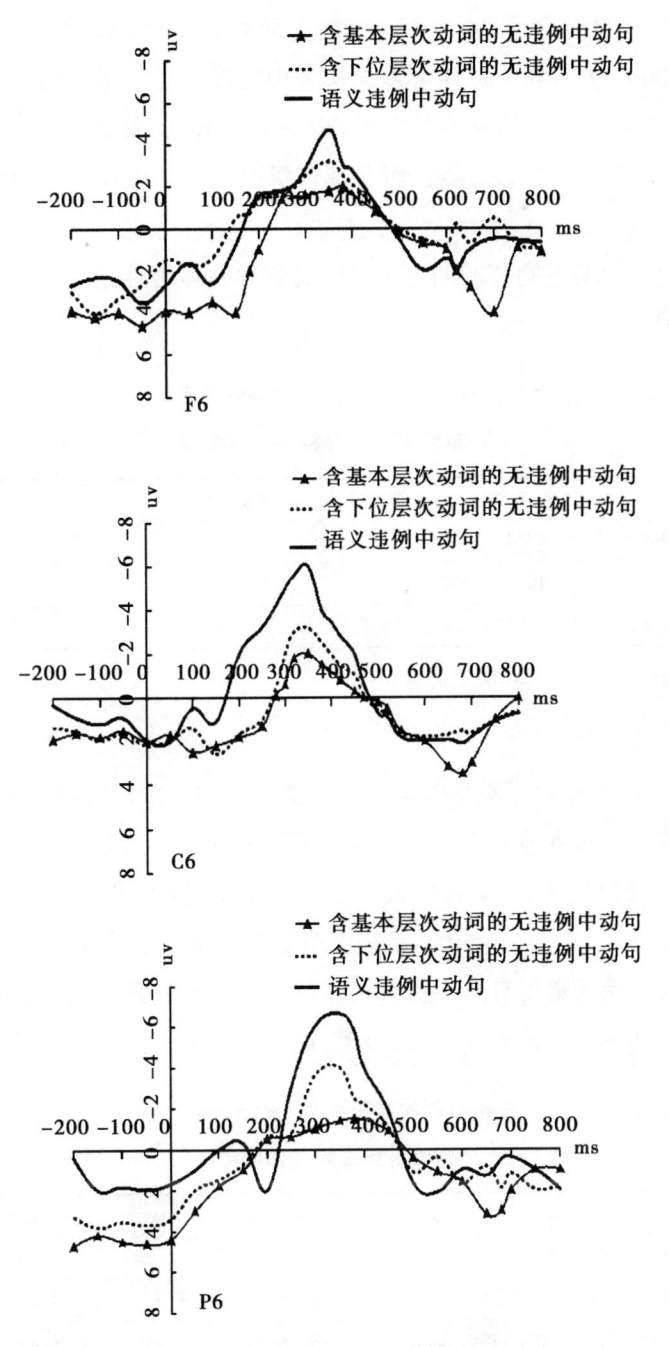

图 5.3 大脑右侧三种句子类型的脑电波形图

表 5.24 呈现了 300—500ms 间三种类型的句子在中线电极所诱发的 N400 的平均峰值及标准差。从表中可以看出，单纯语义违背中动句的 N400 负波平均峰值是最高的（-3.51uv），其次是含下位层次动词的中动句（-2.11 uv），而含基本层次动词的中动句的负波峰值是最低的（-1.25uv）。

为了检测不同类型的句子之间是否存在显著性差异，我们还进行了单因素方差分析。

表 5.25　　两种类型的句子所诱发的 N400 的平均峰值的
单因素方差分析（中线电极）

|  | 平方和 | 自由度 | 均方和 | F | Sig. |
|---|---|---|---|---|---|
| 组间 | 17.45 | 1 | 17.45 | 35.83 | .023 |
| 组内 | 45.78 | 94 | .49 |  |  |
| 总和 | 63.23 | 95 |  |  |  |

类型 1：含基本范畴层次动词的句子

类型 2：含下位范畴层次动词的句子

表 5.25 显示了在中线电极两种类型的句子所诱发的 N400 的平均峰值的单因素方差分析。从组间的角度来看，我们会发现含基本范畴层次动词的句子与含下位范畴层次动词的句子之间存在显著差异（$F=35.83$，$p=.023<.05$）。这说明了下位范畴层次动词出现在中动句中会让受试觉得有些不符合语义常规。组内的分析表明，每个受试之间也存在显著差异（$F=35.83$，$p=.023<.05$）。

表 5.26　　三种类型的句子所诱发的 N400 的平均
峰值及标准差（两侧电极）

| 句子类型 | 平均峰值（uv） | 标准差 |
|---|---|---|
| 含基本层次动词的中动句 | -1.72 | 1.29 |
| 含下位层次动词的中动句 | -2.59 | 1.41 |
| 单纯语义违背中动句 | -3.86 | 1.47 |

表 5.26 呈现了三种类型的句子在两侧电极所诱发的 N400 的平均峰值及标准差。与中线电极的情况一致,单纯语义违背中动句的 N400 负波平均峰值是最高的（-3.86uv）,而相比于基本范畴层次的控制句（-1.72uv）,含下位层次动词的中动句的 N400 成分峰值更高（-2.59uv）。同样,为了检测不同条件之间是否存在主效应,我们进行了单因素方差分析。

表 5.27　两种类型的句子所诱发的 N400 的平均峰值的单因素方差分析（两侧电极）

|  | 平方和 | 自由度 | 均方和 | F | Sig. |
| --- | --- | --- | --- | --- | --- |
| 组间 | 218.09 | 1 | 218.09 | 119.59 | .000 |
| 组内 | 2097.29 | 1150 | 1.82 | | |
| 总和 | 2315.39 | 1151 | | | |

类型 1：含基本范畴层次动词的句子

类型 2：含下位范畴层次动词的句子

表 5.27 呈现了在两侧电极两种类型的句子所诱发的 N400 的平均峰值的单因素方差分析结果。无论是从组间还是组内的角度,包含不同范畴层次句子在两侧电极所诱发的 N400 成分之间存在主效应（$F=119.59$，$p=.000<.05$）。这进一步阐释了基本范畴层次的优势地位。在人们的认知中,基本范畴层次词汇作为最具体、最详细的范畴,比下位范畴层次词汇更容易被接受并加工。

以上图表均显示,无论是中线还是两侧电极,单纯语义违背句所诱发的 N400 峰值最高,其次为含下位层次动词的中动句,最后为含基本层次动词的中动句。

## 二　讨论

在行为数据和脑电数据中,我们发现含基本范畴层次动词的中动句与含下位范畴层次动词的中动句之间存在着某些差异,这些差异仍待进一步的分析与讨论。

行为数据表明，受试者对含下位范畴动词的中动句的反应时比含基本范畴层次动词的中动句的反应时长，而且含下位范畴动词的中动句的平均准确率最低。这也就说明了与下位范畴层次词汇相比较而言，受试能够更容易、更快速地感知基本范畴层次词汇，而且在判断三组词语所组成的汉语句子是否正确的任务中，他们很少会认为下位范畴层次动词是可以被接受的。此外，与含下位范畴动词的中动句的脑电波形图相比，含基本范畴层次动词的中动句 N400 振幅的增长愈加凸显了基本范畴层次词汇的优势地位。

Rosch（1976）等人曾指出，基本范畴层次是最具涵盖力且信息量最丰富的范畴，而且它是最早被儿童所感知并命名的范畴。基本范畴层次内的词汇通常比其他范畴层次的词汇更短、更简单。相比较而言，作为基本范畴层次的成员，下位范畴层次是最具体的范畴，能够提供可辨认的、具体的且带有个体特征详细构造的完形。Ungerer 等人于 1996 年进一步提出，与上位范畴层次和基本范畴层次相比，下位范畴层次所含的信息量是最少的，而且其普遍性和包容性都是较低的。

前人关于基本范畴层次所做的研究主要是关于名词的习得（Rosch，1976；Jiang，2000；Liang，2003，2006）。但是，本研究的注意力主要放在汉语中动句中不同范畴层次（基本范畴层次、下位范畴层次）动词上。与基本范畴层次动词相比，我们所选取的下位范畴层次动词更具体，强调的是细节方面。行为数据结果显示含下位范畴层次动词的句子比含基本层次动词的句子需要更长的反应时间。而脑电数据表明，含下位范畴层次动词的句子中 N400 效应的峰值比基本层次动词更高，这表明与含下位层次词语的中动句相比，含基本层次词语的中动句在语义上更更容易被受试者接受，更容易被受试者加工和理解。

含下位范畴层次动词的句子之所以需要更长的反应时可能是因为下位层次动词的出现频率低。在我们的日常交际中，经常会出现的而且被我们普遍使用的是基本范畴层次动词，于是相对于频繁使用的词语来说，受试者在辨认下位范畴层次动词时会花费更长的时间。根据 Jing（2001）的说法，在实际交流中，这种出现频率高的信息会更容易被激发。此外，由于下位范畴层次是最详细、最具体的范畴，所以在对其进行语义加工时受试需要付出更大的心理努力并调动更多的心理资源。因此，受试难以对有着详细信息的范畴词汇做出即时的反应。

此外，即使受试者花费了最长的时间来判断含下位范畴层次动词的句子的正确性，其准确率却是所有情况中最低的。受试者在判断含下位层次动词的句子时，精确率较低，换言之，他们不太可能接受出现在汉语中动句中的下位范畴层次动词。这也就进一步表明了基本范畴层次在人们的认知中处于凸显地位，更易被感知。由于其包容性，人们能够在现实世界中与之相关的事物中找出最具关联性的信息。

（一）研究启迪

本实验在探究以普通话为母语的成年人对汉语中动句的理解与加工方面具有开创性。研究结果发现，在汉语中动句的加工过程中，语义整合发挥着主导作用。此外，实验数据支持了基本范畴层次的优势地位，对教学和科研都具有一定的启迪作用。

在中动句或其他句型的教学实践中，我们应该注意词汇、短语及句子的词汇—语义信息，尽量让学生在脑中建构某一特定句型的基础蓝图。此外，由于基本范畴层次占有优势地位，能够充分满足人们的认知需求，所以在教学过程中基本范畴层次的词汇可以优先学习或者教授。其次，为了进一步增强实验结果的精准度与可信度，今后研究可以进一步增加脑电研究，采用事件相关电位技术探究范畴加工的神经机制。

（二）研究不足与建议

本研究以年龄为18—24岁的汉语母语者为受试，分析了汉语中动句的在线加工。通过神经心理技术，我们得到相关受试者的行为数据和脑电数据，它增强了我们对汉语中动句加工的脑机制认识，丰富了汉语句子加工的神经认知研究。当然，本实验作为采用脑电技术探索范畴分类能力的初步尝试，在设计上难免存在一些不足之处，有待进一步地完善。

第一，参与实验的受试人数相对较少，其年龄跨度也受限制。如果增加年龄更小的受试者（如高中生）和年龄更大的受试者（如中年人），那么此研究便会全面地呈现出不同年龄群受试者汉语中动句的语义加工特点。

第二，当前研究的实验刺激语料相对也比较单一，仅限于汉语，而且受试者也限制在以汉语为母语的人。倘若研究了英语中的中动句，且受试者包含以英语为母语的外国人，我们就能更深层次地从跨语言对比的角度去探究汉语中动句与其他语言中动句加工的异同，从而对中动句的理解与加工形成更全面、更深入的认识。

第三，在范畴的基础上，我们并没有对动词进行系统的分类。因此，基本范畴层次和下位范畴层次中的关键动词完全是由实验者来限定的。这样可能会使实验材料不够完美。所以今后的进一步研究应该使刺激语料更理想、更可靠。

总之，在今后的研究中，我们将进一步探索范畴层次词语加工的脑机制特点，以期能够更深入地探索人类的范畴分类能力。

## 三　结论

行为数据显示，含基本范畴层次动词的中动句与含下位范畴动词的中动句相比，前者的反应时更短且正确率更高，与后者存在显著性差异。这表明基本层次词汇更容易被人们感知和理解，从而在一定程度上证实了基本范畴层次的优势地位。脑电数据显示，含下位范畴层次动词的中动句与含基本范畴层次动词的中动句相比，前者诱发了更高的 N400 峰值，即含下位范畴层次动词的中动句诱发的 N400 峰值高于含基本范畴层次动词的中动句诱发的 N400 成分，而且它们之间呈现了显著性差异。这一结果说明了基本层次词汇更符合人们的认知，从而进一步佐证了基本范畴层次在人类认知中的优势地位。

## 第四节 小结

本章简单概括三种不同的控制实验方式,即(1)图片分类和命名测试;(2)语义在线加工测试;(3)中动结构的 ERP 研究,并将这三者进行对比,从而找出它们的异同,本节首先对三个控制实验进行简单回顾。

(1)图片分类和命名测试。受试对象包括 3—5 岁年龄段的 90 名儿童,各年龄段受试人数均相等。实验材料是 48 张彩色图片,其中 16 张图片用作演示实验,32 张图片用作正式实验,实验将包括演示实验和理解测试、产出测试。

(2)语义在线加工测试。该实验从汉语语义加工角度出发,采取控制实验的研究手段,探讨不同范畴层次在人脑中的加工难易度,探究年龄、刺激类型、范畴层次等因素对整体范畴加工过程的影响。实验选取汉语 20 岁左右成人和 7—8 岁学龄儿童各 30 名作为研究对象,实验材料包括 240 个词语及 240 张图片,按上位范畴、基本范畴、下位范畴分为三个范畴层次。

(3)中动结构的 ERP 研究。本实验以汉语中动句为研究对象,选取了 18 名年龄为 18—24 岁的湖南大学的本科生及研究生作为受试对象,让其判断 150 个汉语中动句的可接受性,分别采用 E-prime 和 ERP 软件收集受试的行为数据和脑电数据。此外,本研究还探讨了不同范畴层次的动词是否影响汉语中动句的语义加工。

接着通过对比三个控制实验的实验结果及研究方法,发现它们之间既有相似之处也存在差异,其相似性主要表现在研究结果的共性以及实验的局限性两方面。

从实验结果来看:

(1)图片分类和命名测试。实验数据显示,在产出和理解两个层面,范畴层次词汇的发展顺序依次为基本范畴层次、下位范畴层次和上位范畴层次词汇,其中基本范畴层次词汇在产出和理解方面均占据优势。

（2）语义在线加工测试。实验结果显示，从刺激类型来看，汉语成人和汉语儿童的词汇范畴加工情况不存在显著差异，主要有以下表现：在判断上位范畴层次词汇时，反应时最长，正确率最高；相反，在判断下位范畴层次词汇时，反应时最短，正确率最低；而由于基本范畴层次词汇的细节性和区分度均居于上位和下位之间，处于"黄金中位"，因此对基本范畴层次词汇的判断的正确率和反应时均列第二。其次，从语义加工的整体模式看，汉语成人和汉语儿童对于不同范畴层次词汇的语义加工整体模式基本相同，但是汉语成人的加工效率比汉语儿童的高。汉语成人和汉语儿童在判断上位范畴层次词汇对应的图片时的正确率最高；汉语成人在反应时和正确率的表现上远远优于汉语儿童；不同范畴层次词汇被加工的效率存在明显差异，这种差异性主要体现在正确率上。

（3）中动结构的ERP研究。实验数据显示，在对比含下位范畴层次动词的中动句和含基本范畴层次动词的中动句时，受试者对前者的反应时更长，正确率更低，两者在反应时和正确率上存在显著性差异，该结果表明受试者更容易感知并接受含基本范畴层次动词的中动句。另外，根据ERP脑电数据结果显示，与含基本范畴层次动词的中动句相比较，含下位范畴层次动词的中动句能诱发峰值更高的N400，该数据再次表明含基本范畴层次动词的中动句更易被受试者感知。

三个实验的数据结果都表明了基本范畴层次在儿童早期范畴分类能力的发展中发展顺序最早，加工效率最高，感知和理解起来最快，证明了基本范畴层次在人类认知中的优势地位。

从实验局限性来看：

（1）控制实验的受试样本都相对有限。主要表现为，图片分类和命名测试中的受试年龄段局限在3—5岁；在语义在线加工测试中则只选取了30个成年人和30个儿童作为受试，样本数量太小；而在中动结构的ERP研究中，只有18—24岁的成年人参与实验，受试人数不多，年龄跨度也有限制。

（2）控制实验的考虑因素均有不够全面的局限。图片分类和命名测试中选取的测试方式只有两种，图片分类和图片命名；而语义在线加工测试重点研究了年龄、刺激类型、范畴层次这三个因素对语义加工过程的影响，忽略了许多其他因素，如性别、学习环境等因素就均未涉及；在中动结构的ERP研究中，研究的语料也相对局限，刺激语料仅限于汉语，太过单一。

（3）控制实验都缺乏跨语言的共性研究。实验都以汉语成人或儿童为主要的研究对象，缺乏对不同语言使用者认知加工的探索，如果受试能包括包含法语、日语等为母语的受试群体，我们就能更深层次地从跨语言对比的角度进行语言研究，以证明研究结果具有跨语言的普遍性，从而对儿童范畴分类能力形成更全面、更深入的认识。

此外，本章三个控制实验的差异性主要表现在实验侧重点不同以及受试群体的不同。

从实验侧重点来看：

（1）图片分类和命名测试侧重于通过研究儿童在范畴层次方面的理解与产出，从而发现儿童范畴分类能力的发展顺序，即从基本层次到下位层次再到上位层次。实验结果证实了儿童早期范畴分类能力发展过程中范畴化与非范畴化的交互作用。

（2）语义在线加工测试则主要从反应时和正确率两个方面对比了母语为汉语的成年人和儿童对于不同范畴层次词汇的语义加工效率，实验结果显示无论是成年人还是儿童，基本范畴层次词汇的加工效率相对来说是最高的。

（3）中动结构的ERP研究则通过行为数据分析了受试对汉语中含下位范畴层次动词的中动句和含基本范畴层次动词的中动句的反应时和正确率，而且还通过分析其脑电波形图为基本范畴层次词汇的主导地位提供了一定的神经电生理依据，证明了基本范畴层次在人类认知中占据优势地位。

从实验的受试者来看：

三个控制实验的受试者分别来自不同的年龄群。图片分类和命名测试的研究对象是 3—5 岁年龄段的中国儿童，语义在线加工测试的实验受试者是中国 20 岁左右的成年人和 7—8 岁的学龄儿童，而中动结构的 ERP 测试的受试则是年龄为 18—24 岁的湖南大学的本科生及研究生。这也在一定程度上体现出了这三个实验受试年龄段的多样性。

# 第六章

# 主要结论及讨论

本研究采用个案跟踪研究、语料库数据以及控制实验三种范式，全面探讨了汉语、法语和日语儿童范畴层次的发展，具体包括：汉语儿童使用的普通名词中各类范畴层次词汇的分布比例；汉语儿童在产出和理解两个层面范畴层次词汇的习得顺序；儿童范畴分类能力发展与儿童语言发展之间的关系；汉语、日语、法语儿童范畴分类能力发展的异同等。本部分总结系列研究的主要结论，并就之展开讨论。

## 第一节 主要结论

个案跟踪研究显示，无论是汉语、法语还是日语儿童，各类范畴词汇中基本层次词汇始终占据主导地位，儿童早期名词层级的发展主要表现在下位层次词的逐渐增加。受试者在15—23个月这一年龄段，基本层次词汇发展迅速，数量增加迅猛，而下位层次词汇的发展速度比基本层次词汇缓慢，上位层次词汇则远远落后于基本层次词汇和下位层次词汇的发展速度。与上位和下位词语相比，基本层次词语在习得顺序、能产性和使用频率上都具有一定的优势性。研究也在一定程度上证实了儿童最先习得基本层次范畴，继而习得下位和上位层次范畴。此外，三种语言中受试儿童词汇总量的发展与各类范畴层次词汇有着密切的相关关系，其中以基本层次词汇的相关性尤为显著。

语料库数据显示，对于汉语、日语和法语儿童，其词汇能力发展及范畴层次能力发展之间既具有共性，也具有差异。其中，基本范畴层次词汇在三种范畴层次词汇中最先出现，且在词汇总量中占最大比重。儿童在 15 个月时最先产出基本层次范畴词汇，接着产出的是下位层次；相对于基本和下位层次词语，上位层次范畴词汇的产出数量最少，个别受试甚至没有产出；随着受试年龄的增长，汉语、法语、日语儿童的基本层次词汇明显增加。同时，不同范畴层次能力与词汇能力发展之间的相关性具有差异，其中汉语与法语的基本范畴层次词汇与词汇能力发展具有较强相关性，而日语的基本范畴层次词汇与词汇能力发展的相关性较弱。

控制实验包含三个实验，第一个实验图片分类和命名测试表明，在产出和理解两个层面，范畴层次词汇的发展顺序依次为基本范畴层次、下位范畴层次和上位范畴层次词汇，其中基本范畴层次词汇在产出和理解方面均占据优势。第二个实验语义在线加工测试结果显示：年龄和范畴层次对汉语语义加工过程有显著影响，成人整体的反应时、正确率高于儿童，不同范畴层次词语被加工的效率存在明显差异，成人与儿童对不同刺激类型的加工则无显著差异；无论是汉语成人还是儿童，均在判断上位层次词语时正确率最高，反应时最长；对下位层次词语反应时最快，但正确率最低；对基本范畴层次词语的反应正确率和反应时则均列第二，处于"黄金中位"。基于上述结果，本实验认为，汉语成人和儿童对三个范畴层次的加工认知存在共性，基本范畴层次被加工的效率相对最高。第三个实验中动结构的 ERP 研究实验数据显示，在对比含下位范畴层次动词的中动句和含基本范畴层次动词的中动句时，受试对前者的反应时更长，正确率更低，两者在反应时和正确率上存在显著性差异，该结果表明受试更容易感知并接受含基本范畴层次动词的中动句。另外，ERP 脑电数据结果表明，相比含基本范畴层次动词的中动句，含下位范畴层次动词的中动句能诱发峰值更高的 N400，该数据也在一定程度反映出含基本范畴层次动词的中动句更易被受试者感知和接受。

总之，本研究得出如下结论：

（1）汉语儿童所使用的普通名词中基本层次词汇占据绝大多数，他们早期名词层级的发展主要表现在下位层次词的逐渐增加。

（2）基本层次词汇在儿童早期词汇中均占据优势，儿童对范畴层次词汇的正确产出和理解比率从高到低排序依次为基本层次、下位层次和上位层次词汇。

（3）儿童词汇总量的发展与各类范畴层次词汇有着密切的相关关系，其中以基本层次词汇的相关性尤为显著。

（4）汉语、日语和法语儿童的范畴层次能力发展之间既具有共性，也具有差异。其共性在于基本范畴层次词汇均最先出现，且在词汇总量所占比重最大；而不同范畴层次词汇与儿童总体词汇能力发展之间的相关性具有差异，其中汉语与法语的基本范畴层次词汇与词汇能力发展具有较强相关性，而日语的基本范畴层次词汇与词汇能力发展的相关性较弱。

（5）基本范畴层次在儿童早期范畴分类能力的发展中发展顺序最早，加工效率最高，感知和理解起来最快，很大程度证明了基本范畴层次在人类认知中的优势地位。

## 第二节 讨论

### 一 汉语儿童早期词汇的基本层次效应

无论是个案跟踪、数据库数据还是控制实验，汉语儿童早期范畴层次发展的研究显示，儿童在1岁8个月前基本层次词语占绝大比率，约95%的普通名词属于基本层次词汇。儿童基本层次词汇的比率远远高于成人，且其分布规律并不完全受成人语言输入的影响。两名儿童名词层级的发展主要表现在下位层次词而非上位层次词的逐渐增加，且下位名词的出现均在1岁5个月左右。此外，控制实验的数据显示，儿童对范畴层次词汇的正确产出和理解比率从高到低排序依次为基本层次、下位层次和上位层次词汇，其中儿童对范畴层次的理解比产出要容易很多。基本层次词汇在产出、理解和语义加工方面均占据优势，且具有一定的神经生物基础，更容易被感知和接受。

以上关于汉语儿童早期范畴分类能力发展的初步结论，有助于我们进一步研究儿童早期的认知发展与语言习得的关系。早期词汇具有显著的基本层次效应，这在一定程度上表明儿童的词汇发展是早期认知结构的映射，从而也进一步支持了 Rosch 等人（1976）和 Jiang（2000）之前的研究结果。此外，通过对比分析汉语、日语、法语儿童范畴分类能力发展的异同，本研究佐证了基本层次范畴词汇在早期词汇发展中占据首要的概念地位，并为范畴分类能力所体现出的人类认知的共同特征提供了实证依据。

## 二 范畴化与非范畴化的认知过程的交互作用

范畴化是人们在社会实践中通过语言按区别性本质特征对事物进行概括和分类的一种认知活动，其主要作用是帮助人们在差异中找出相似点，从而减轻认知过程中的认知负担，实现认知的经济性，并以最有效的方式对客观世界的概念进行存储和记忆。从认知方式上看，范畴化是人们从个别到一般的追求事物共性的认知过程。从全面的视角看，认知的完整性还应当包括人们从一般到个别的追求事物个性的过程。这一过程便是语言的非范畴化，即一定条件下范畴成员逐渐失去自身范畴特征并同时获得新的范畴特征的过程（刘正光，2006）。范畴化和非范畴化认知过程往往交织在一起，构成了语言体系动态发展的一个有机整体。

本研究首次从儿童语言习得和跨语言的角度，采用多种实证研究的手段，探索了范畴化与非范畴化的认知过程及其交互作用的情况。本研究的结论支持原型理论对儿童范畴分类能力发展的阐释，儿童早期占主导的范畴是基本层次（概念内涵显著的层次）和下位层次范畴（概念内涵具体的层次），因此范畴划分是一个从特殊（或具体）到一般（或抽象）的认知过程。与此同时，由于 3 岁左右的儿童在控制实验中已经能够毫无困难地理解上位层次词汇，即概念内涵抽象和广义的层次，且上位范畴层次词语随着儿童年龄的增长也不断增加，因此本研究认为儿童很早就开始了非范畴化的认知，范畴划分同样也是一个从一般（或抽象）到特殊（或具体）的认知过程。儿童早期范畴分类能力的发展呈现以基本范畴为主导，下位层次范畴和上位层次范畴能力不断提升的面貌，范畴化（从特殊到一般）和非范畴化（从一般到特殊）的作用往往相互交叉影响，这在很大程度上促进了儿童早期范畴分类能力的发展，也促进了儿童对事物的认知和他们语言的创新。

# 参考文献

Anglin, J.M.1977.*Word, Object, and Conceptual Development* [M]. New York: Notion.

Archambault, A., Gosselin, F., & Schyns, P.G.2000.A Natural Bias for the Basic-Level? [R]. Paper presented at the *Proceedings of the Twenty-Second Annual Conference of the Cognitive Science Society*, New Jersey.

Berlin, B., & Kay, P.1969.*Basic Color Terms: Their Universality and Evolution* [M]. Berkeley: University of California Press.

Berlin, B.1992.*Ethnobiological Classification: Principles of Categorization of Plants and Animals in Traditional Societies* [M]. Princeton, New Jersey: Princeton University Press.

Bloomfield, L.1933/2001.*Language* [M]. Beijing: Foreign Language Teaching and Research Press.

Brown, C., & P.Hagoort.1999.On the Electrophysiology of Language Comprehension: Implications for the Human Language System [A]. In M.Crocker, M.Pickering, & C.Clifton (eds.).*Architectures and Mechanisms for Language Processing* [C]. Cambridge, UK: Cambridge University Press, 213-237.

Brown, R.1958.How Shall a Thing Be Called? [J]. *Psychological Review*, 65, 4-21.

Brown, R.1965.*Social Psychology* [M]. New York: Free Press.

Bussmann, H.1996.*Routloudge Dictionary of Language and Linguistics*

[M]. London & New York: Routloudge.

Callanan, M.A.1985.How Parents Label Objects for Young Children: The Role of Input in the Acquisition of Category Hierarchies [J]. *Child Development*, 56, 508-523.

Canseco-Gonzalez, E.2000. Using the Recording of Event-Related Brain Potentials in the Study of Sentence Processing [A]. In Y. Grodzinsky, L.P.Shapiro.& D.Swinney (eds.). *Foundations of Neuropsychology: a Series of Textbooks, Monographs, and Treatises* [C]. San Diego: Academic Press, 229-266.

Chao, Y.R.1968.*A Grammar of Spoken Chinese* [M]. Berkeley and Los Angeles: University of California Press.

Chwilla, D.J., Brown, C.M.& P.Hagoort.1995.The N400 as a Function of the Level of Processing [J]. *Psychophysiology*, 32, 274-285.

Clark, E.V.1993.*The Lexicon in Acquisition* [M]. Cambridge: Cambridge University Press.

Fagan, S.M.B.1988.The English Middle [J]. *Linguistic Inquiry*, 19, 181-203.

Gao, H.2001. *The Physical Foundation of the Patterning of Physical Action Verbs* [M]. Lund University.

Halliday, M.A.K.1994.*An Introduction to Functional Grammar* [M]. 2nd Edition, London: Edward Arnold.

Hoekstra, T., & Roberts, I.1993.Middle Constructions in Dutch and English [A]. In Reuland, E.& W. Abraham (eds), *Knowledge and Language 2, Lexical and Conceptual Structure* [C], Dordrecht: Kluwer, 183-220.

Hoffmann, J., & Ziessler, C. 1983. Object Identifikation in Kunstlichen Begriffs Hierarchien [Object identification in artificial concept hierarchies] [J]. *Zeitschrift fur Psychologie*, 194, 135-167.

Hopper, P.J., & Sandra, A.Thompson.1984.The Discourse Basis for

Lexical Categories in Universal Grammar [J]. *Language*, 60, 703-752.

Horton, M.S., & Markman, E.M.1980.Developmental Differences in the Acquisition of Basic and Superordinate Categories [J]. *Child Development*, 51, 708-719.

Hsiao, J. N., & Hsieh, S. 2008. The Interaction between Superordinate and Basic Level in Three-year-old Children [J]. *ICCS Proceedings*, July 27-29.

Johnson, K., & Mervis, C. 1997. Effects ofVarying Levels of Expertise on the Basic-Level of Categorization [J]. *Journal of Experimental Psychology: General*, 126, 248-277.

Jolicoeur, P., Gluck, M.A., & Kosslyn, S.M.1984.Pictures and-Names: Making the Connection [J]. *Cognitive Psychology*, 16, 243-275.

Keyser, S., & Roper, T.1984.On the Middle and Construction in English [J]. *Linguistic Inquiry*, 15, 381-416.

Kutas, M., van Petten, C. K., & Kluender, R. 2006. Psycholinguistics Electrified II (1994-2005) [A].M.A.Gernsbacher & M.Traxler (Eds.), *Handbook of Psycholinguistics* [C].San Diego, California: Academic Press, 83-143.

Lakoff, G.1987.*Women, Fire and Dangerous Things* [M]. Chicago: University of Chicago Press.

Luo, Y., Hu, S., Weng, X., & J.Wei.1999.Effects of Semantic Discrimination of Chinese Words on N400 Cmponent of Event-Related Potentials [J]. *Perceptual and Motor Skills*, 89, 185-193.

Lyons, J. 1995. *Linguistic Semantics: An Introduction* [M]. Cambridge: Cambridge University Press.

MacDonald, M., Pearlmutter, N., & M. Seidenberg. 1994. The Lexical Nature of Syntactic Ambiguity Resolution [J]. *Psychological Review*, 101, 676-703.

MacWhinney, B.2000.*The CHILDES Project: Tools for Analyzing Talk*

(Third ed.) [C].Mahwah, NJ: Lawrence Erlbaum Associates.

Macnamara.J. 1982. *Names for Things* [D]. Cambridge, MA: MIT Press.

Mandler, J.M., and McDonough, L. 1993. Concept Formation in Infancy [J]. *Cognitive Development*, 8, 291-318.

Mandler, J. M., and McDonough, L. 1998. On Developing a Knowledge Base in Infancy [J]. *Developmental Psychology*, 34, 1274-1288.

Mandler, J.M. 1998. Representation. In W. Damon (Series Ed.), D. Kuhn & R. Siegler (Vol. Eds.), Handbook of Child Psychology: Vol. 2. *Cognition, Perception, and Language* [M] (255-308). New York: Wiley.

Mandler, J. M. 2000. Perceptual and Conceptual Processes [J]. *Journal of Cognition and Development*, 1, 3-36.

Mandler, J.M.2000. What Global-Before-Basic Trend? Commentary on Perceptually Based Approaches to Early Categorization [J]. *Infancy*, 1, 99-110.

Mandler, J.M.2008.On the Birth and Growth of Concepts [J]. *Philosophical Psychology*, 21 (2), 207-230.

Markman, E. M. & Hutchinson, J. E. 1984. Children's Sensitivity to Constraints on Word Meanings: Taxonomic vs. Thematic Relations [J]. *Cognitive Psychology*, 16, 1-27.

Markman, E.M.1985.Why Superordinate Category Terms Can Be Mass Nouns [J]. *Cognition*, 19, 31-53.

Markman, E. M. 1989. *Categorization and Naming in Children: Problems of Induction* [M]. Cambridge, Massachusetts: MIT Press.

Massam, D. 1992. Null Oblects and Non-Thematic Subjects [J]. *Journal of Linguistics*, 28, 115-137.

McDonough, L.2002.Basic-Level Nouns: First Learned but Misunderstood [J]. *Journal of Child Language*, 29, 357-377.

Mervis, C.B., & Crisafi, M.A.1982.Order of Acquisition of Subordinate, Basic, and Superordinate Level Categories [J]. *Child Development*, 53, 258-266.

Miller, G. 1990. Introduction to Wordnet: An On-line Lexical Database [J]. *International Journal of Lexicography*, 3 (4), 235-244.

Murphy, G.L., & Smith, E.E. 1982. Basic level Superiority in Picture Categorization [J]. *Journal of Verbal Learning and Verbal Behavior*, 21, 1-20.

Murphy, G.L., & Brownell, H.H. 1985. Category Differentiation in Object Recognition: Typicality Constraints on the Basic Category Advantage [J]. *Journal of Experimental Psychology: Learning, Memory and Cognition*, 11, 70-84.

Murphy, G.L.1991.Parts inObjects Concepts: Experiments with Artificial Categories [J]. *Memory & Cognition*, 19, 423-438.

Murphy, G.2002.*The Big Book of Concepts* [D]. Cambridge, MA: MIT Press.

Pinker, S.1984. *Language Learnability and Language Learning* [M]. Cambridge, Massachusetts: Harvard University Press.

Quinn, G.C. 2002. EarlyCategorization: A New Synthesis. In U. Goswami (ed.).*Blackwell Handbook of Childhood Cognitive Development* [C]. 84-101.Oxford: Blackwell.

Quinn, P.C.2004.Development of Subordinate-Level Categorization in 3-to 7 Month-old Infants [J]. *Child Development*, 75, 886-899.

Rosch, E.1973. Natural Categories [J]. *Cognitive Psychology*, 4, 328-350.

Rosch, E.1978, Principles of Categorization [A], in Eleanor Rosch & Barbara B. Lloyd (eds.), *Cognition and Categorization* [C]. Hillsdale, New Jersey: Lawrence Erlbaum, 27-48.

Rosch, E., & Mervis, C. B. 1975. Family Resemblance: Studies in the Internal Structure of Categories [J]. *Cognitive Psychology*, 7, 573-605.

Rosch, E., Mervis, C. B., Gray, W. D., Johnson, D. M., & Boyes-Braem, P. 1976. BasicObjects in Natural Categories [J]. *Cognitive Psychology*, 8, 382-439.

Richards, J., Schimidt, R., Platt, H., & Schimidt, M. 2002. *Longman Dictionary of Language Teaching and Applied Linguistics* [M]. London: Longman.

Saeed, J. 2000. *Semantics* [M]. Beijing: Foreign Language Teaching and Research Press.

Smolensky, P. 1996. On the Comprehension/Production Dilemma in Child Language [J]. *Linguistic Inquiry*, 27, 720-731.

Stross, B. 1969. *Language Acquisition by Tenejapa Tzeltal Children* [D]. Ph.D. dissertation., University of California, Berkeley.

Susan A. G., Sharon, A. W., & Eve, V. C. 1989. Conceptual and Lexical Hierarchies in Young Children [J]. *Cognitive Development*, 4, 309-326.

Tai, Jame H. Y. 2002. Conceptual Structures and Non-autonomous Syntax: Some Conceptualization Principles in Chinese Grammar [J]. *Contemporary Linguistics*, 4 (1), 1-12.

Taylor, J. 1995. *Linguistic Categorization: Prototypes in Linguistic Theory* [M]. Oxford: Oxford University Press.

Taylor, J. 2003. *Linguistic Categorization* [M]. Oxford: Oxford University Press.

Tanaka, J., & Taylor, M. 1991. Object Categories and Expertise: Is the Basic-Level in the Eye of the Beholder? [J]. *Cognitive Psychology*, 23, 457-482.

Tanenhaus, M. K., & C. Trueswell. 1995. Sentence Comprehension

[A]. In J. L. Miller & P. D. Eimas (eds.). *Speech, Language, and Communication* [C]. San Diego: Academic Press, 217-262.

Traxler, M., & M. A. Gernsbacher 2006. *Handbook of Psycholinguistics* [C]. New York: Elsevier, 659-724.

Ungerer, Friedrich, & Hans-Jörg, S. 1996. *An Introduction to Cognitive Linguistics* [M]. London: Longman.

Wittgenstein, L. 1953. *Philosophical Investigations* [M]. 3rd ed. 1973. Translated by Anscombe, A. G. M. London: Pearson.

Wisniewski, E. J., & Murphy, G. L. 1989. Superordinate and Basic Category Names in Discourse: A Textual Analysis [J]. *Discourse Processes*, 12, 245-261.

Younger, B. A., & Fearing, D. D. 2000. A Global-to-Basic Trend in Early Categorization: Evidence from a Dual-Category Habituation task [J]. *Infancy*, 1, 47-58.

Ye, Z., Luo, Y., Friederici, A. D., & X. Zhou. 2006. Semantic and Syntactic Processing in Chinese Sentence Comprehension: Evidence from E-vent-related Potentials [J]. *Brain Research*, 1071, 186-196.

Zeng, T. 2010. *The Nature of Word Spurt—Early Lexical and Semantic Development of Mandarin-speaking Children* [D]. Ph. D. dissertation. Guangzhou: Guangdong University of Foreign Studies.

Zhu, D. X. 1982. *Yufa Jiangyi (Lectures on Grammar)* [M]. Beijing: Commercial Press.

Zwart, J. 1997. *On the Generic Character of Middle Constructions* [D]. Master Dissertation. University of Groningen.

曹宏:《中动句对动词形容词的选择限制及其理据》,《语言科学》2004年第1期。

曹宏:《论中动句的句法构造特点》,《世界汉语教学》2004年第3期。

常欣、王沛:《句子加工:句法违例与语义违例范式下的ERP研究述评》，《外语教学与研究》2007年第39卷第1期。

陈敏：《儿向语在语言复杂程度上的调整》，硕士学位论文，湖南大学，2005年。

豆涛、邵志洪：《英汉中动结构对比及其认知阐释》，《西安外国语大学学报》2010年第18期。

何文忠：《中动结构的认知阐释》，博士学位论文，上海外国语大学，2004年。

何文忠：《中动结构的界定》，《外语教学》2005年第4期。

蒋雅文：《汉语词类的基本层次效应》，硕士学位论文，台湾清华大学，2000年。

井世洁：《句法歧义解决研究的新进展——歧义解决的限制满足模型》，《心理科学》2001年第24卷第4期。

李宇明：《儿童语言的发展》，华中师范大学出版社1995年版。

梁丽：《基本层次范畴及其在英语教学研究中的应用》，博士学位论文，华中科技大学，2006年。

梁丽、冯跃进：《认知语言学中的基本层次范畴及其特征》，《华中科技大学学报》2003年第4期。

刘燕妮、舒华：《ERP与语言研究》，《心理科学进展》2003年第11卷第3期。

刘正光：《非范畴化与功能多义性》，《中国外语》2005年第5期。

刘正光：《语言非范畴化——语言范畴化理论的重要组成部分》，上海外语教育出版社2006年版。

刘正光、刘润清：《语言非范畴化的意义》，《外语教学与研究》2004年第1期。

刘正光、刘润清：《名词非范畴化的特征》，《外语教学与研究》2005年第3期。

汤廷池：《华语自由语与黏着语的划分》，《第五届世界华语文教学研讨会论文集：语言分析组》，世界华语文教育协会，1997年。

曾涛、邹晚珍：《汉语儿童6岁前范畴层次词汇的发展研究》，《心理科学》2012年第35卷第6期。

朱丽娟：《儿童早期范畴层次词汇发展的跨语言比较：以汉语和法语为例》，硕士学位论文，湖南大学，2014年。

邹晚珍：《汉语儿童范畴层次的发展》，硕士学位论文，湖南大学，2012年。

# 附录 1

# 转写文件 LSY010628

（CM 指着地板上画的太阳光芒）

CM：这是太阳的什么？

LSY：太阳饼.

CM：太，太阳饼，这是太阳饼.

CM：这是太阳的什么？

LSY：/tai51/.

CM：这是什…？

（LSY 手指地板上画的太阳光芒）

LSY：太阳饼.

（研究者笑起来）

（LSY 将手伸向桌上的一个水杯）

MOT：你要干吗，斯毛？

（LSY 想要喝杯中水）

LSY：杯喝水.

MOT：杯喝水是吧？好，妈妈跟你倒点.

（妈妈从桌上拿起一只塑料杯，离开了）

LSY：倒.

（LSY 抓起一支铅笔，指着笔尖）

LSY：削笔.

CYH：削笔.

CM：削笔.

CYH：好，要陈敏阿姨削笔.

CYH：斯毛叫我．
LSY：削笔．
（LSY卷起一张纸）
LSY：阿姨/a32/．
CYH：/o32/．

# 附录 2

# 平均话语长度（MLU）的计算[①]

| 类型 | 例子 | MLU（word） |
| --- | --- | --- |
| reduplication | 宝宝（baby），球球（ball） | 1 |
| Allitterated disyllabic Coordinated compounds | 仿佛（as if），吩咐（order），啰嗦（prolixity） | 1 |
| Translated foreign words | 沙发（sofa），巧克力（chocolate） | 1 |
| V+V（free） | 进去（come in），出来（get out） | 1 |
| V+V（bound） | 知道（know），觉得（think） | 1 |
| V+N（restricted） | 跳舞（dance），睡觉（sleep） | 1 |
| Nouns（names） | 太阳（sun），桌子（table） | 1 |
| Nouns（location A） | 桌子上（on the table），天花板上（on the ceiling） | 1 |
| Nouns（location B） | 上面（up），外面（outside） | 1 |
| Number+classifier | 两双（two pairs） | 1 |
| Determiners+Nouns | 那本书（that book） | 2 |
| Pronouns（singular） | 我（I），自己（oneself） | 1 |
| Pronouns（plural） | 我们（we），你们（you） | 1 |
| Adjectives | 漂亮（handsome），潇洒（smart） | 1 |
| Negation | 不要（do not want），没有（no） | 1 |
| Adverbs | 非常（very），已经（already） | 1 |
| Time | 今天（today），昨天（yesterday） | 1 |
| Conjunction | 因为（because），所以（so） | 1 |
| Prefix | 第一名（Number one） | 1 |
| Infix | 舍不得（begrudge） | 1 |
| Suffix | 孩子们（children） | 1 |
| Retroflex | 花儿（flower） | 1 |
| A-Not-A | 好不好（yes or no） | 2 |
| V-Not-V | 喜不喜欢（like it or not） | 1 |

[①] 陈敏，2015：25—26。

附录 3

# 图片分类和命名测试中
# 演示和正式实验图片

演示图片

1-1 钢笔

1-2 铅笔

1-3 圆珠笔

1-4 水彩笔

<<< 附录3　图片分类和命名测试中演示和正式实验图片

2-1 笔记本

2-2 作业本

2-3 记录本

2-4 便签本

3-1 电视机

3-2 空调

3-3 电冰箱 　　　　　　　　3-4 洗衣机

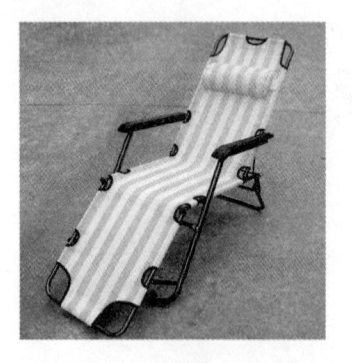

4-1 躺椅 　　　　　　　　4-2 长椅

4-3 藤椅 　　　　　　　　4-4 木椅

<<< 附录3　图片分类和命名测试中演示和正式实验图片

## 正式图片

5-1 铲车

5-2 吊车

5-3 摩托车

5-4 洒水车

6-1 大轮船

6-2 帆船

汉语儿童早期范畴分类能力的发展研究 >>>

6-3 木船

6-4 皮划艇

7-1 向日葵

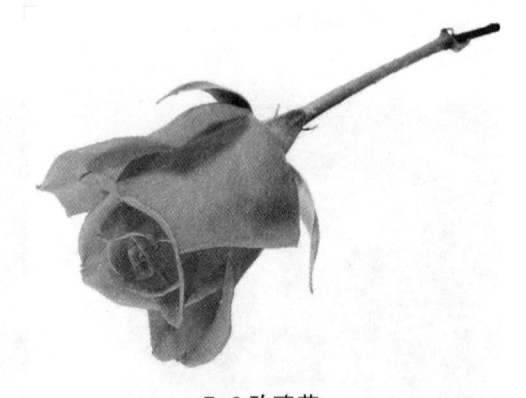

7-2 玫瑰花

7-3 菊花

7-4 喇叭花

· 180 ·

<<< 附录3 图片分类和命名测试中演示和正式实验图片

8-1 柳树

8-2 松树

8-3 枫树

8-4 梧桐树

9-1 毛衣

9-2 衬衣

9-3 马夹

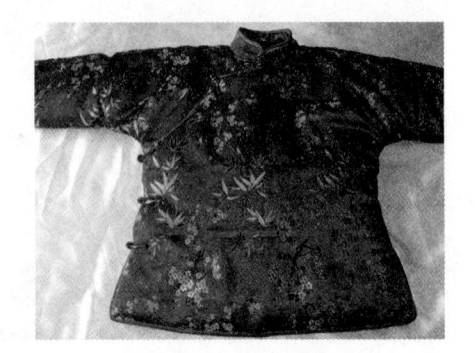

9-4 棉袄

10-1 皮鞋

10-2 凉鞋

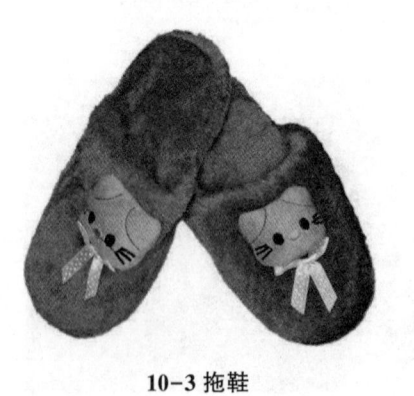

10-3 拖鞋

10-4 棉鞋

<<< 附录3 图片分类和命名测试中演示和正式实验图片

11-1 鲨鱼

11-2 金鱼

11-3 黄鳝

11-4 鲫鱼

12-1 鹦鹉

12-2 麻雀

12-3 孔雀

12-4 天鹅

· 183 ·

# 附录 4

# 图片分类和命名测试
# 受试信息记录表

◆受试基本信息

姓名：　　　　性别：　　　　年龄：　　　　班级：

◆实验记录［请在"□"内打√，在"（　）"内填写名称或理由］

前 16 张图片的测试情况

1. 受试能否正确分出<u>服饰</u>和<u>动物</u>　　　能□　否□

若受试不能正确分类，错误出在哪里（描述受试错误分类情况）

2. 受试能否正确分出<u>上衣</u>和<u>鞋子</u>　　能□　否□

若受试不能正确分类，错误出在哪里（描述受试错误分类情况）

3. 受试能否正确分出<u>鱼</u>和<u>鸟</u>　　能□　否□

若受试不能正确分类，错误出在哪里（描述受试错误分类情况）

后 16 张图片的测试情况

4. 受试能否将<u>交通工具</u>和<u>植物</u>正确分类　　能□　否□

若受试不能正确分类，错误出在哪里（描述受试错误分类情况）

5. 受试对于所分类的名称是

6. 受试对于这样分类的理由是

7. 受试能否将<u>交通工具</u>分成<u>车</u>和<u>船</u>两类　　能□　否□
若受试不能正确分类，错误出在哪里（描述受试错误分类情况）

8. 受试对于所分类的名称是

9. 受试对于这样分类的理由是

10. 受试能否将<u>植物</u>分成<u>花</u>和<u>树</u>两类　　能□　否□
若受试不能正确分类，错误出在哪里（描述受试错误分类情况）

11. 受试对于所分类的名称是

12. 受试对于这样分类的理由是

# 附录 5

# 语义在线加工测试中的范畴层次词语

### 下位范畴层次词语

| 棉布连衣裙<br>Cotton Dress | 牛仔连衣裙<br>Denim Dress | 蕾丝连衣裙<br>Lace Dress | 雪纺连衣裙<br>Chiffon Dress |
|---|---|---|---|
| 户外休闲鞋<br>Outdoor Leisure Shoes | 商务休闲鞋<br>Business Leisure Shoes | 时尚休闲鞋<br>Fashion Leisure Shoes | 登山越野鞋<br>Mountaineering Shoes |
| 水草草帽<br>Water Plants Straw Hat | 麦秸草帽<br>Wheat Straw Hat | 竹篾草帽<br>Bamboo Strip Straw Hat | 棕绳草帽<br>Coir Rope Straw Hat |
| 棉纱男袜<br>Cotton men's socks | 羊毛男袜<br>Wool men's socks | 锦纶男袜<br>Chinlon men's socks | 冰丝男袜<br>Silk men's socks |
| 长筒女裤<br>Long canister pants | 萝卜女裤<br>Radish pants | 锥形女裤<br>Taper pants | 喇叭女裤<br>Flared pants |
| 丹顶鹤<br>Red-crowned crane | 白枕鹤<br>White-naped crane | 赤颈鹤<br>Sarus Crane | 黑颈鹤<br>Black-necked crane |
| 大嘴乌鸦<br>Large-billed Crow | 小嘴乌鸦<br>Small-billed Crow | 秃鼻乌鸦<br>Rook | 白颈乌鸦<br>Corvus leucognaphalus |
| 草种金鱼<br>Grass goldfish | 文种金鱼<br>Fantail goldfish | 龙种金鱼<br>Dragon goldfish | 蛋种金鱼<br>Egg goldfish |
| 报岁兰花<br>Reported year-old orchid | 四季兰花<br>Four-season orchid | 套叶兰花<br>Set of leaf orchid | 豆瓣兰花<br>Bean orchid |
| 白菊<br>White chrysanthemum | 黄菊<br>Yellow chrysanthemum | 墨菊<br>Black chrysanthemum | 红菊<br>Red chrysanthemum |
| 翻领T恤<br>Lapel T-shirt | 立领T恤<br>Stand-collar T-shirt | 圆领T恤<br>Round-collar T-shirt | 长袖衬衫<br>Long-sleeved T-shirt |
| 平跟凉鞋<br>Flat sandals | 坡跟凉鞋<br>Wedge sandals | 高跟凉鞋<br>High-heeled-sandals | 人字拖鞋<br>Flip-flop |
| 登山背包<br>Hiking backpack | 旅行背包<br>Travling-backpack | 运动背包<br>Sports backpack | 单肩挎包<br>Shoulder satchel |

<<< 附录5 语义在线加工测试中的范畴层次词语

续表

| 雪纺连体裤<br>Chiffon jumpsuit | 牛仔连体裤<br>Denim jumpsuit | 亚麻连体裤<br>Flax jumpsuit | 尼龙连裤袜<br>Nylon janty-hose |
|---|---|---|---|
| 直筒牛仔裤<br>Straight jeans | 喇叭牛仔裤<br>Flared jeans | 小脚牛仔裤<br>Skinny jeans | 雪纺连衣裙<br>Chiffonone-piece |
| 水晶台灯<br>Crystal lamp | 陶瓷台灯<br>Ceramic lamp | 树脂台灯<br>Resin lamp | 螺旋灯座<br>Edison base |
| 白杜鹃<br>White azalea | 红杜鹃<br>Red azalea | 黄杜鹃<br>Yellow azalea | 紫牡丹<br>Purple peony |
| 白牡丹<br>White peony | 红牡丹<br>Red peony | 紫牡丹<br>Yellow peony | 黄菊花<br>Yellow-chrysanthemum |
| 单瓣茉莉<br>Univalve Jasmine | 双瓣茉莉<br>Jasminum Sambac | 多瓣茉莉<br>Multi-petal Jasmine | 复瓣菊花<br>Chrysanthemum with Double petal |
| 银桂<br>Osmanthus ragrans var. latifolius | 丹桂<br>Osmanthus fragrans var. aurantiacus | 金桂<br>Osmanthus fragrans var. thunbergii | 白菊<br>White hrysanthemum |

## 基本范畴层次词语

| 玉兰<br>Magnolia | 丁香<br>Clove | 腊梅<br>Wintersweet | 牡丹<br>Peony |
|---|---|---|---|
| 八哥<br>Crested myna | 海雀<br>Puffin | 天鹅<br>Swan | 乌鸦<br>Crow |
| 蝴蝶<br>Butterfly | 蜻蜓<br>Dragonfly | 蜜蜂<br>Bee | 飞蛾<br>Moth |
| 银杏<br>Ginkgo | 黄杨<br>Ginkgo | 水杉<br>Metasequoia | 松柏<br>Cypress |
| 龙井<br>Longjing Tea | 普洱<br>Pu'er tea | 乌龙<br>Wulong tea | 毛峰<br>Maofeng tea |
| 棉纱袜<br>Cotton socks | 羊毛袜<br>Wool socks | 锦纶袜<br>Chinlon socks | 冰丝袜<br>Silk socks |
| 鲨鱼<br>Shark | 金鱼<br>Goldfish | 鲫鱼<br>Crucian | 鳜鱼<br>Mandarin fish |
| 皮帽<br>Fur cap | 毡帽<br>Felt cap | 绒帽<br>Pashm cap | 草帽<br>Strawhat |
| 毛笔<br>Chinese brush | 铅笔<br>Pencil | 钢笔<br>Pen | 粉笔<br>Chalk |
| 青虾<br>Freshwater Shrimp | 河虾<br>River Shrimp | 草虾<br>Black Tiger Shrimp | 龙虾<br>Lobster |

续表

| 玫瑰<br>Rose | 海棠<br>Malus spectabilis | 月季<br>Monthly rose | 白杨<br>White poplar |
|---|---|---|---|
| 鹦鹉<br>Parrot | 麻雀<br>Sparrow | 孔雀<br>Peacock | 老鼠<br>Mouse |
| 苍蝇<br>Fly | 蚊子<br>Mosquito | 蚱蜢<br>Grasshopper | 骆驼<br>Camel |
| 冷杉<br>Fir | 梧桐<br>Phoenix tree | 垂柳<br>Weeping willow | 月季<br>Monthly rose |
| 木屐<br>Geta | 靴子<br>Boot | 跑鞋<br>Running shoes | 袜子<br>Socks |
| 的士<br>Taxi | 中巴<br>Bus | 摩托<br>Motorbike | 帆船<br>Sailing boat |
| 货轮<br>Freighter | 木舟<br>Wooden boat | 划艇<br>Canoe | 汽车<br>Car |
| 伦巴<br>Rumba | 芭蕾<br>Ballet | 探戈<br>Tango | 独唱<br>Vocal solo |
| 客厅<br>Living room | 卧室<br>Bedroom | 厨房<br>Kitchen | 操场<br>Playground |
| 毛衣<br>Sweater | 夹克<br>Jacket | 棉袄<br>Winter jacket | 毛巾<br>Tower |

## 上位范畴层次词语

| 烘干机<br>Dryer | 洗衣机<br>Washing-machine | 吸尘器<br>Dust catcher | 电熨斗<br>Electric iron |
|---|---|---|---|
| 电磁炉<br>Electromagnetic oven | 微波炉<br>Microwave oven | 电烤箱<br>Electronic oven | 消毒柜<br>Disinfection cabinet |
| 鸡<br>Chicken | 鸭<br>Duck | 鹅<br>Goose | 鸽<br>Pigeon |
| 牛<br>Cattle | 羊<br>Sheep | 马<br>Horse | 兔<br>Rabbit |
| 鱼<br>Fish | 龟<br>Tortoise | 蟹<br>Crab | 虾<br>Shrimp |
| 白菜<br>Chinese Cabbage | 茄子<br>Eggplant | 辣椒<br>Pepper | 豆角<br>Bean |
| 荔枝<br>Lichee | 枇杷<br>Loquat | 石榴<br>Pomegranate | 杨梅<br>Red bayberry |
| 床垫<br>Mattress | 枕头<br>Pillow | 床单<br>Sheet | 被套<br>Bed sack |

续表

| 围巾<br>Scarf | 手套<br>Glove | 耳罩<br>Earflap | 帽子<br>Chapeau |
| --- | --- | --- | --- |
| 吉他<br>Guitar | 古筝<br>Zither | 长号<br>Trombone | 竖笛<br>Clarinet |
| 空调<br>Air conditioner | 冰箱<br>Refrigerator | 电炉<br>Electric stove | 桌子<br>Table |
| 花<br>Flower | 草<br>Grass | 树<br>Tree | 灯<br>Lamp |
| 猫<br>Cat | 狗<br>Dog | 猪<br>Pig | 树<br>Tree |
| 胶水<br>Glue | 橡皮<br>Eraser | 铅笔<br>Pencil | 帽子<br>Cap |
| 衣<br>Clothes | 裤<br>Trousers | 鞋<br>Shoes | 书<br>Books |
| 火车<br>Train | 轮船<br>Steamer | 飞机<br>Plane | 秋千<br>Swing |
| 桌子<br>Table | 椅子<br>Chair | 柜子<br>Cabinet | 篮子<br>Basket |
| 油烟机<br>Cooker hood | 燃气灶<br>Gas cooker | 压力锅<br>Pressure cooker | 灭蚊器<br>Mosquito killer |
| 筷子<br>Chopstick | 汤勺<br>Soup ladle | 碟盘<br>Dish plate | 枕头<br>Pillow |
| 电脑<br>Computer | 手机<br>Cellphone | 相机<br>Camera | 橡皮<br>Eraser |

# 附录 6

# 事件相关电位（ERP）脑电测试中三类测试句

**含基本范畴层次动词的正确句子**

1. 这本书阅读起来很容易。
2. 古典作品翻译起来不容易。
3. 木质地板清洁起来很方便。
4. 笨重家具移动起来不方便。
5. 这个问题解决起来很容易。
6. 这种布料的衣服洗涤起来很容易。
7. 这种食材烹饪起来很容易。
8. 这种石头打磨起来很容易。
9. 这辆车驾驶起来很容易。
10. 进口商品销售起来很快。

**含下位范畴层次动词的句子**

1. 这本书浏览起来很容易。
2. 古典作品意译起来不容易。
3. 木质地板擦拭起来很方便。
4. 笨重家具搬挪起来不方便。
5. 这个问题商讨起来很容易。
6. 这种布料的衣服揉搓起来很容易。
7. 这种食材焖煮起来很容易。
8. 这种石头切削起来很容易。

9. 这辆车操纵起来很容易。

10. 进口商品零售起来很快。

### 单纯语义违背的句子

1. 这本书胁迫起来很容易。

2. 古典作品敲打起来不容易。

3. 木质地板监视起来很方便。

4. 笨重家具开采起来不方便。

5. 这个问题粉刷起来很容易。

6. 这种布料的衣服下载起来很容易。

7. 这种食材修理起来很容易。

8. 这种石头奔跑起来很容易。

9. 这辆车跳跃起来很容易。

10. 进口商品学习起来很快。

## 附录 7

## LSY 在 1; 3; 14 到 1; 11; 29 期间名词层次的发展范式

| 场次 | 人 | | 地点 | | 自然物体 | | 自然现象 | | 动物 | | 植物 | | 身体 | | 形状 | | 食物 | | 人造物 | | 社会事件 | |
|---|---|---|---|---|---|---|---|---|---|---|---|---|---|---|---|---|---|---|---|---|---|---|
| | TYP | TOK | TYP | TOK | TYP | TOK | TYP | TOK | TYP | TOK | TYP | TOK | TYP | TOK | TYP | TOK | TYP | TOK | TYP | TOK | TYP | TOK |
| 01; 03; 14 | | | | | | | | | | | | | | | | | | | | | | |
| 上位 | | | | | | | | | | | | | | | | | | | | | | |
| 基本 | 3 | 7 | | | | | | | | | | | | | | | | | | | | |
| 下位 | | | | | | | | | | | | | | | | | | | | | | |

上位词总共的类别（TYP）/数目（TOK）(0/0)
基本层次词总共的类别（TYP）/数目（TOK）(3/7)
下位词总共的类别（TYP）/数目（TOK）(0/0)
总共类别（TYP）/数目（TOK）(3/7)

续表

| 场次 | | 人 | | 地点 | | 自然物体 | | 自然现象 | | 动物 | | 植物 | | 身体 | | 形状 | | 食物 | | 人造物 | | 社会事件 | |
|---|---|---|---|---|---|---|---|---|---|---|---|---|---|---|---|---|---|---|---|---|---|---|---|
| | | TYP | TOK | TYP | TOK | TYP | TOK | TYP | TOK | TYP | TOK | TYP | TOK | TYP | TOK | TYP | TOK | TYP | TOK | TYP | TOK | TYP | TOK |
| 01; 03; 28 | 上位 | | | | | | | | | | | | | | | | | | | | | | |
| | 基本 | 2 | 9 | | | | | | | | | | | | | | | | | | | | |
| | 下位 | | | | | | | | | | | | | | | | | | | | | | |

上位词总共的类别 (TYP) /数目 (TOK) (0/0)
基本层次词总共的类别 (TYP) /数目 (TOK) (2/9)
下位词总共的类别 (TYP) /数目 (TOK) (0/0)
总共类别 (TYP) /数目 (TOK) (2/9)

| 场次 | | 人 | | 地点 | | 自然物体 | | 自然现象 | | 动物 | | 植物 | | 身体 | | 形状 | | 食物 | | 人造物 | | 社会事件 | |
|---|---|---|---|---|---|---|---|---|---|---|---|---|---|---|---|---|---|---|---|---|---|---|---|
| | | TYP | TOK | TYP | TOK | TYP | TOK | TYP | TOK | TYP | TOK | TYP | TOK | TYP | TOK | TYP | TOK | TYP | TOK | TYP | TOK | TYP | TOK |
| 01; 04; 12 | 上位 | | | | | | | | | | | | | | | | | | | | | | |
| | 基本 | 3 | 7 | | | | | | | | | | | | | | | | | | | | |
| | 下位 | | | | | | | | | | | | | | | | | | | | | | |

上位词总共的类别 (TYP) /数目 (TOK) (0/0)
基本层次词总共的类别 (TYP) /数目 (TOK) (3/7)
下位词总共的类别 (TYP) /数目 (TOK) (0/0)
总共类别 (TYP) /数目 (TOK) (3/7)

续表

| 场次 | 人 TYP | 人 TOK | 地点 TYP | 地点 TOK | 自然物体 TYP | 自然物体 TOK | 自然现象 TYP | 自然现象 TOK | 动物 TYP | 动物 TOK | 植物 TYP | 植物 TOK | 身体 TYP | 身体 TOK | 形状 TYP | 形状 TOK | 食物 TYP | 食物 TOK | 人造物 TYP | 人造物 TOK | 社会事件 TYP | 社会事件 TOK |
|---|---|---|---|---|---|---|---|---|---|---|---|---|---|---|---|---|---|---|---|---|---|---|
| 01; 04; 26 | | | | | | | | | | | | | | | | | | | | | | |
| 上位 | | | | | | | | | | | | | | | | | | | | | | |
| 基本 | 3 | 19 | | | 1 | 3 | | | 1 | 1 | | | 1 | 3 | | | 3 | 9 | 2 | 4 | | |
| 下位 | | | | | | | | | | | | | | | | | | | | | | |

上位词总共词的类别（TYP）/数目（TOK）(0/0)
基本层次词总共词的类别（TYP）/数目（TOK）(11/39)
下位词总共词的类别（TYP）/数目（TOK）(0/0)
总共类别（TYP）/数目（TOK）(11/39)

| 场次 | 人 TYP | 人 TOK | 地点 TYP | 地点 TOK | 自然物体 TYP | 自然物体 TOK | 自然现象 TYP | 自然现象 TOK | 动物 TYP | 动物 TOK | 植物 TYP | 植物 TOK | 身体 TYP | 身体 TOK | 形状 TYP | 形状 TOK | 食物 TYP | 食物 TOK | 人造物 TYP | 人造物 TOK | 社会事件 TYP | 社会事件 TOK |
|---|---|---|---|---|---|---|---|---|---|---|---|---|---|---|---|---|---|---|---|---|---|---|
| 01; 05; 02 | | | | | | | | | | | | | | | | | | | | | | |
| 上位 | | | | | | | | | | | | | | | | | | | | | | |
| 基本 | 5 | 58 | | | 1 | 2 | | | | | | | | | | | 1 | 6 | 1 | 1 | | |
| 下位 | | | | | | | | | | | | | | | | | | | | | | |

上位词总共词的类别（TYP）/数目（TOK）(0/0)
基本层次词总共词的类别（TYP）/数目（TOK）(8/67)
下位词总共词的类别（TYP）/数目（TOK）(0/0)
总共类别（TYP）/数目（TOK）(8/67)

<<< 附录7　LSY 在 1；3；14 到 1；11；29 期间名词层次的发展范式

续表

| 场次 | 人 TYP | 人 TOK | 地点 TYP | 地点 TOK | 自然物体 TYP | 自然物体 TOK | 自然现象 TYP | 自然现象 TOK | 动物 TYP | 动物 TOK | 植物 TYP | 植物 TOK | 身体 TYP | 身体 TOK | 形状 TYP | 形状 TOK | 食物 TYP | 食物 TOK | 人造物 TYP | 人造物 TOK | 社会事件 TYP | 社会事件 TOK |
|---|---|---|---|---|---|---|---|---|---|---|---|---|---|---|---|---|---|---|---|---|---|---|
| 01；05；09 | | | | | | | | | | | | | | | | | | | | | | |
| 上位 | 10 | 30 | | | | | | | | | | | | | | | | | 8 | 12 | | |
| 基本 | | | 2 | 1 | 3 | 5 | | | 3 | 5 | | | 1 | 2 | | | 6 | 12 | | | | |
| 下位 | 1 | 1 | | | | | | | | | | | | | | | | | | | | |

上位词总共的类别（TYP）/数目（TOK）（0/0）
基本层次词总共的类别（TYP）/数目（TOK）（31/66）
下位词总共的类别（TYP）/数目（TOK）（2/3）
总共类别（TYP）/数目（TOK）（33/69）

| 场次 | 人 TYP | 人 TOK | 地点 TYP | 地点 TOK | 自然物体 TYP | 自然物体 TOK | 自然现象 TYP | 自然现象 TOK | 动物 TYP | 动物 TOK | 植物 TYP | 植物 TOK | 身体 TYP | 身体 TOK | 形状 TYP | 形状 TOK | 食物 TYP | 食物 TOK | 人造物 TYP | 人造物 TOK | 社会事件 TYP | 社会事件 TOK |
|---|---|---|---|---|---|---|---|---|---|---|---|---|---|---|---|---|---|---|---|---|---|---|
| 01；05；19 | | | | | | | | | | | | | | | | | | | | | | |
| 上位 | 6 | 24 | | | | | | | | | | | | | | | | | 9 | 24 | 1 | 3 |
| 基本 | | | 2 | 1 | 1 | 1 | | | 3 | 6 | | | 1 | 1 | | | 2 | 2 | | | | |
| 下位 | 1 | 2 | 1 | 3 | | | | | | | | | | | | | | | | | | |

上位词总共的类别（TYP）/数目（TOK）（0/0）
基本层次词总共的类别（TYP）/数目（TOK）（23/61）
下位词总共的类别（TYP）/数目（TOK）（2/5）
总共类别（TYP）/数目（TOK）（25/66）

· 195 ·

续表

| 场次 | | 人 TYP | 人 TOK | 地点 TYP | 地点 TOK | 自然物体 TYP | 自然物体 TOK | 自然现象 TYP | 自然现象 TOK | 动物 TYP | 动物 TOK | 植物 TYP | 植物 TOK | 身体 TYP | 身体 TOK | 形状 TYP | 形状 TOK | 食物 TYP | 食物 TOK | 人造物 TYP | 人造物 TOK | 社会事件 TYP | 社会事件 TOK |
|---|---|---|---|---|---|---|---|---|---|---|---|---|---|---|---|---|---|---|---|---|---|---|---|
| 01;05;25 | 上位 | 9 | 51 | | | 1 | 1 | | | 2 | 8 | | | | | | | 3 | 21 | 3 | 3 | | |
| | 基本 | | | | | | | | | | | | | | | | | | | | | | |
| | 下位 | 2 | 13 | 2 | 7 | | | | | | | | | | | | | | | | | | |

上位词总共词次的类别 (TYP) /数目 (TOK) (0/0)
基本层次词总共词的类别 (TYP) /数目 (TOK) (18/84)
下位词总共词的类别 (TYP) /数目 (TOK) (4/20)
总共类别 (TYP) /数目 (TOK) (22/104)

| 场次 | | 人 TYP | 人 TOK | 地点 TYP | 地点 TOK | 自然物体 TYP | 自然物体 TOK | 自然现象 TYP | 自然现象 TOK | 动物 TYP | 动物 TOK | 植物 TYP | 植物 TOK | 身体 TYP | 身体 TOK | 形状 TYP | 形状 TOK | 食物 TYP | 食物 TOK | 人造物 TYP | 人造物 TOK | 社会事件 TYP | 社会事件 TOK |
|---|---|---|---|---|---|---|---|---|---|---|---|---|---|---|---|---|---|---|---|---|---|---|---|
| 01;06;00 | 上位 | 6 | 14 | | | 3 | 13 | | | 2 | 4 | | | 1 | 1 | | | 4 | 24 | 15 | 31 | | |
| | 基本 | | | | | | | | | | | | | | | | | | | | | | |
| | 下位 | 1 | 6 | 1 | 3 | | | | | | | | | | | | | | | | | | |

上位词总共词的类别 (TYP) /数目 (TOK) (0/0)
基本层次词总共词的类别 (TYP) /数目 (TOK) (31/87)
下位词总共词的类别 (TYP) /数目 (TOK) (2/9)
总共类别 (TYP) /数目 (TOK) (33/96)

附录7　LSY 在 1；3；14 到 1；11；29 期间名词层次的发展范式

续表

| 场次 | 人 TYP | 人 TOK | 地点 TYP | 地点 TOK | 自然物体 TYP | 自然物体 TOK | 自然现象 TYP | 自然现象 TOK | 动物 TYP | 动物 TOK | 植物 TYP | 植物 TOK | 身体 TYP | 身体 TOK | 形状 TYP | 形状 TOK | 食物 TYP | 食物 TOK | 人造物 TYP | 人造物 TOK | 社会事件 TYP | 社会事件 TOK |
|---|---|---|---|---|---|---|---|---|---|---|---|---|---|---|---|---|---|---|---|---|---|---|
| 01；06；13 |  |  |  |  |  |  |  |  |  |  |  |  |  |  |  |  |  |  |  |  |  |  |
| 上位 | 1 | 1 | 1 | 1 | 1 | 1 |  |  |  |  |  |  |  |  |  |  |  |  |  |  |  |  |
| 基本 | 5 | 20 |  |  | 5 | 14 | 1 | 1 | 3 | 7 | 1 | 3 | 6 | 23 |  |  | 6 | 12 | 18 | 33 | 1 | 1 |
| 下位 | 2 | 4 | 1 | 4 |  |  |  |  |  |  |  |  |  |  |  |  |  |  |  |  |  |  |

上位词总共词的类别（TYP）/数目（TOK）(2/2)
基本层次词总共词的类别（TYP）/数目（TOK）(46/114)
下位词总共词的类别（TYP）/数目（TOK）(3/8)
总共类别（TYP）/数目（TOK）(51/124)

| 场次 | 人 TYP | 人 TOK | 地点 TYP | 地点 TOK | 自然物体 TYP | 自然物体 TOK | 自然现象 TYP | 自然现象 TOK | 动物 TYP | 动物 TOK | 植物 TYP | 植物 TOK | 身体 TYP | 身体 TOK | 形状 TYP | 形状 TOK | 食物 TYP | 食物 TOK | 人造物 TYP | 人造物 TOK | 社会事件 TYP | 社会事件 TOK |
|---|---|---|---|---|---|---|---|---|---|---|---|---|---|---|---|---|---|---|---|---|---|---|
| 01；06；28 |  |  |  |  |  |  |  |  |  |  |  |  |  |  |  |  |  |  |  |  |  |  |
| 上位 |  |  |  |  |  |  |  |  |  |  |  |  |  |  |  |  |  |  |  |  |  |  |
| 基本 | 5 | 39 |  |  | 8 | 32 | 1 | 1 | 6 | 6 | 1 | 1 | 7 | 14 |  |  | 13 | 40 | 26 | 75 | 1 | 1 |
| 下位 | 2 | 5 | 1 | 2 |  |  |  |  |  |  | 1 | 1 |  |  |  |  |  |  | 1 | 1 |  |  |

上位词总共词的类别（TYP）/数目（TOK）(0/0)
基本层次词总共词的类别（TYP）/数目（TOK）(67/208)
下位词总共词的类别（TYP）/数目（TOK）(5/9)
总共类别（TYP）/数目（TOK）(72/217)

续表

| 场次 01；07；11 | 人 TYP | 人 TOK | 地点 TYP | 地点 TOK | 自然物体 TYP | 自然物体 TOK | 自然现象 TYP | 自然现象 TOK | 动物 TYP | 动物 TOK | 植物 TYP | 植物 TOK | 身体 TYP | 身体 TOK | 形状 TYP | 形状 TOK | 食物 TYP | 食物 TOK | 人造物 TYP | 人造物 TOK | 社会事件 TYP | 社会事件 TOK |
|---|---|---|---|---|---|---|---|---|---|---|---|---|---|---|---|---|---|---|---|---|---|---|
| 上位 |  |  |  |  |  |  |  |  |  |  |  |  |  |  |  |  |  |  | 1 | 1 |  |  |
| 基本 | 6 | 41 | 1 | 1 | 7 | 23 | 1 | 1 | 1 | 4 |  |  | 3 | 4 |  |  | 6 | 22 | 17 | 68 |  |  |
| 下位 | 3 | 10 | 3 | 5 |  |  |  |  |  |  |  |  |  |  |  |  |  |  |  |  |  |  |

上位词总共的类别（TYP）/数目（TOK）（1/1）
基本层次词总共的类别（TYP）/数目（TOK）（42/164）
下位词总共的类别（TYP）/数目（TOK）（6/15）
总共类别（TYP）/数目（TOK）（49/180）

| 场次 01；07；27 | 人 TYP | 人 TOK | 地点 TYP | 地点 TOK | 自然物体 TYP | 自然物体 TOK | 自然现象 TYP | 自然现象 TOK | 动物 TYP | 动物 TOK | 植物 TYP | 植物 TOK | 身体 TYP | 身体 TOK | 形状 TYP | 形状 TOK | 食物 TYP | 食物 TOK | 人造物 TYP | 人造物 TOK | 社会事件 TYP | 社会事件 TOK |
|---|---|---|---|---|---|---|---|---|---|---|---|---|---|---|---|---|---|---|---|---|---|---|
| 上位 |  |  |  |  |  |  |  |  |  |  |  |  |  |  |  |  |  |  | 1 | 1 |  |  |
| 基本 | 10 | 77 | 5 | 10 | 5 | 10 |  |  | 5 | 18 | 2 | 2 | 3 | 10 |  |  | 15 | 40 | 24 | 70 | 2 | 12 |
| 下位 | 5 | 10 |  |  | 1 | 2 |  |  |  |  |  |  |  |  |  |  |  |  | 2 | 4 |  |  |

上位词总共的类别（TYP）/数目（TOK）（1/1）
基本层次词总共的类别（TYP）/数目（TOK）（64/227）
下位词总共的类别（TYP）/数目（TOK）（10/28）
总共类别（TYP）/数目（TOK）（75/256）

附录7　LSY 在 1；3；14 到 1；11；29 期间名词层次的发展范式

续表

| 场次 | | 人 TYP | 人 TOK | 地点 TYP | 地点 TOK | 自然物体 TYP | 自然物体 TOK | 自然现象 TYP | 自然现象 TOK | 动物 TYP | 动物 TOK | 植物 TYP | 植物 TOK | 身体 TYP | 身体 TOK | 形状 TYP | 形状 TOK | 食物 TYP | 食物 TOK | 人造物 TYP | 人造物 TOK | 社会事件 TYP | 社会事件 TOK |
|---|---|---|---|---|---|---|---|---|---|---|---|---|---|---|---|---|---|---|---|---|---|---|---|
| 01；08；02 | 上位 | 1 | 1 | | | | | | | | | | | | | | | | | | | | |
| | 基本 | 11 | 52 | 1 | 1 | 7 | 23 | 1 | 1 | 4 | 7 | 1 | 1 | 3 | 3 | 1 | 2 | 7 | 20 | 15 | 44 | | |
| | 下位 | 3 | 7 | 2 | 2 | | | | | | | | | | | 3 | 15 | | | 3 | 7 | | |

上位词总共词类别（TYP）/数目（TOK）（1/1）
基本层次词总共词类别（TYP）/数目（TOK）（51/154）
下位词总共词类别（TYP）/数目（TOK）（11/31）
总共类别（TYP）/数目（TOK）（63/186）

| 场次 | | 人 TYP | 人 TOK | 地点 TYP | 地点 TOK | 自然物体 TYP | 自然物体 TOK | 自然现象 TYP | 自然现象 TOK | 动物 TYP | 动物 TOK | 植物 TYP | 植物 TOK | 身体 TYP | 身体 TOK | 形状 TYP | 形状 TOK | 食物 TYP | 食物 TOK | 人造物 TYP | 人造物 TOK | 社会事件 TYP | 社会事件 TOK |
|---|---|---|---|---|---|---|---|---|---|---|---|---|---|---|---|---|---|---|---|---|---|---|---|
| 01；08；16 | 上位 | 1 | 2 | | | | | | | | | | | | | | | | | | | | |
| | 基本 | 9 | 45 | 2 | 5 | 4 | 6 | | | 10 | 26 | 2 | 3 | 6 | 6 | | | 7 | 19 | 14 | 82 | | |
| | 下位 | 3 | 9 | 4 | 5 | | | | | | | | | | | | | | | 3 | 11 | | |

上位词总共词类别（TYP）/数目（TOK）（1/2）
基本层次词总共词类别（TYP）/数目（TOK）（52/187）
下位词总共词类别（TYP）/数目（TOK）（10/25）
总共类别（TYP）/数目（TOK）（63/214）

续表

| 场次 01;08;30 | 人 TYP | 人 TOK | 地点 TYP | 地点 TOK | 自然物体 TYP | 自然物体 TOK | 自然现象 TYP | 自然现象 TOK | 动物 TYP | 动物 TOK | 植物 TYP | 植物 TOK | 身体 TYP | 身体 TOK | 形状 TYP | 形状 TOK | 食物 TYP | 食物 TOK | 人造物 TYP | 人造物 TOK | 社会事件 TYP | 社会事件 TOK |
|---|---|---|---|---|---|---|---|---|---|---|---|---|---|---|---|---|---|---|---|---|---|---|
| 上位 | 1 | 1 | 1 | 1 | | | | | | | | | | | | | | | 1 | 1 | | |
| 基本 | 8 | 42 | | | 2 | 6 | 2 | 2 | 4 | 7 | 1 | 2 | 2 | 5 | 1 | 1 | 8 | 35 | 8 | 18 | | |
| 下位 | 5 | 18 | 2 | 2 | | | | | | | 1 | 1 | | | | | 1 | 1 | 4 | 5 | | |

上位词总共的类别(TYP)/数目(TOK) (3/3)
基本层次词总共词总共的类别(TYP)/数目(TOK) (36/118)
下位词总共的类别(TYP)/数目(TOK) (13/27)
总共类别(TYP)/数目(TOK) (52/148)

| 场次 01;09;12 | 人 TYP | 人 TOK | 地点 TYP | 地点 TOK | 自然物体 TYP | 自然物体 TOK | 自然现象 TYP | 自然现象 TOK | 动物 TYP | 动物 TOK | 植物 TYP | 植物 TOK | 身体 TYP | 身体 TOK | 形状 TYP | 形状 TOK | 食物 TYP | 食物 TOK | 人造物 TYP | 人造物 TOK | 社会事件 TYP | 社会事件 TOK |
|---|---|---|---|---|---|---|---|---|---|---|---|---|---|---|---|---|---|---|---|---|---|---|
| 上位 | 2 | 2 | | | | | | | | | | | | | | | | | 1 | 2 | | |
| 基本 | 4 | 30 | 1 | 3 | 3 | 4 | 1 | 1 | 13 | 21 | 1 | 3 | 4 | 10 | 2 | 2 | 9 | 27 | 14 | 27 | | |
| 下位 | 4 | 11 | 2 | 3 | | | | | | | 1 | 2 | 3 | 4 | 3 | 4 | | | 3 | 9 | | |

上位词总共的类别(TYP)/数目(TOK) (4/6)
基本层次词总共词总共的类别(TYP)/数目(TOK) (52/128)
下位词总共的类别(TYP)/数目(TOK) (13/29)
总共类别(TYP)/数目(TOK) (69/163)

<<< 附录7　LSY 在1；3；14 到1；11；29 期间名词层次的发展范式

续表

| 场次 | 人 | | 地点 | | 自然物体 | | 自然现象 | | 动物 | | 植物 | | 身体 | | 形状 | | 食物 | | 人造物 | | 社会事件 | |
|---|---|---|---|---|---|---|---|---|---|---|---|---|---|---|---|---|---|---|---|---|---|---|
| 01；09；26 | TYP | TOK | TYP | TOK | TYP | TOK | TYP | TOK | TYP | TOK | TYP | TOK | TYP | TOK | TYP | TOK | TYP | TOK | TYP | TOK | TYP | TOK |
| 上位 | 1 | 2 | | | | | | | | | | | | | | | | | 1 | 12 | | |
| 基本 | 3 | 27 | 1 | 1 | 9 | 27 | 2 | 2 | 9 | 20 | 2 | 3 | 2 | 2 | 2 | 3 | 12 | 49 | 12 | 30 | 1 | 1 |
| 下位 | 6 | 19 | 1 | 2 | | | | | | | | | | | 3 | 8 | | | 2 | 3 | 1 | 1 |

上位词总共的类别（TYP）/数目（TOK）（2/14）
基本层次词总共的类别（TYP）/数目（TOK）（55/165）
下位词总共的类别（TYP）/数目（TOK）（13/33）
总共类别（TYP）/数目（TOK）（70/212）

| 场次 | 人 | | 地点 | | 自然物体 | | 自然现象 | | 动物 | | 植物 | | 身体 | | 形状 | | 食物 | | 人造物 | | 社会事件 | |
|---|---|---|---|---|---|---|---|---|---|---|---|---|---|---|---|---|---|---|---|---|---|---|
| 01；10；10 | TYP | TOK | TYP | TOK | TYP | TOK | TYP | TOK | TYP | TOK | TYP | TOK | TYP | TOK | TYP | TOK | TYP | TOK | TYP | TOK | TYP | TOK |
| 上位 | | | | | | | | | | | | | | | | | | | 1 | 3 | | |
| 基本 | 7 | 22 | 1 | 1 | 4 | 6 | 1 | 1 | 10 | 19 | 2 | 5 | 1 | 1 | | | 9 | 12 | 22 | 38 | | |
| 下位 | 5 | 19 | 3 | 3 | 1 | 2 | | | 1 | 2 | | | | | 1 | 1 | | | 7 | 8 | | |

上位词总共的类别（TYP）/数目（TOK）（1/3）
基本层次词总共的类别（TYP）/数目（TOK）（57/105）
下位词总共的类别（TYP）/数目（TOK）（18/35）
总共类别（TYP）/数目（TOK）（76/143）

续表

| 场次 | | 人 | | 地点 | | 自然物体 | | 自然现象 | | 动物 | | 植物 | | 身体 | | 形状 | | 食物 | | 人造物 | | 社会事件 | |
|---|---|---|---|---|---|---|---|---|---|---|---|---|---|---|---|---|---|---|---|---|---|---|---|
| | | TYP | TOK | TYP | TOK | TYP | TOK | TYP | TOK | TYP | TOK | TYP | TOK | TYP | TOK | TYP | TOK | TYP | TOK | TYP | TOK | TYP | TOK |
| 01;10;23 | 上位 | 5 | 14 | 1 | 1 | | | 1 | 3 | | | | | | | | | | | 1 | 6 | | |
| | 基本 | | | | | 1 | 1 | 1 | 2 | 6 | 8 | 4 | 9 | 4 | 9 | | | 8 | 22 | 17 | 27 | | |
| | 下位 | 6 | 15 | 1 | 1 | | | | | | | | | | | | | | | 4 | 5 | 1 | 1 |

上位词总共的类别（TYP）/数目（TOK）（3/10）
基本层次词总共的类别（TYP）/数目（TOK）（46/92）
下位词总共的类别（TYP）/数目（TOK）（12/22）
总共类别（TYP）/数目（TOK）（61/124）

| 场次 | | 人 | | 地点 | | 自然物体 | | 自然现象 | | 动物 | | 植物 | | 身体 | | 形状 | | 食物 | | 人造物 | | 社会事件 | |
|---|---|---|---|---|---|---|---|---|---|---|---|---|---|---|---|---|---|---|---|---|---|---|---|
| | | TYP | TOK | TYP | TOK | TYP | TOK | TYP | TOK | TYP | TOK | TYP | TOK | TYP | TOK | TYP | TOK | TYP | TOK | TYP | TOK | TYP | TOK |
| 01;11;06 | 上位 | 2 | 2 | | | | | | | | | | | | | | | | | 1 | 1 | | |
| | 基本 | 7 | 15 | | | 2 | 4 | 1 | 1 | 7 | 14 | 3 | 4 | 2 | 10 | | | 20 | 59 | 17 | 32 | | |
| | 下位 | 3 | 4 | 1 | 1 | | | | | | | | | | | | | 2 | 2 | 1 | 1 | 1 | 1 |

上位词总共的类别（TYP）/数目（TOK）（3/3）
基本层次词总共的类别（TYP）/数目（TOK）（59/139）
下位词总共的类别（TYP）/数目（TOK）（7/8）
总共类别（TYP）/数目（TOK）（69/149）

附录7 LSY 在 1；3；14 到 1；11；29 期间名词层次的发展范式

续表

| 场次 01；11；29 | 人 TYP | 人 TOK | 地点 TYP | 地点 TOK | 自然物体 TYP | 自然物体 TOK | 自然现象 TYP | 自然现象 TOK | 动物 TYP | 动物 TOK | 植物 TYP | 植物 TOK | 身体 TYP | 身体 TOK | 形状 TYP | 形状 TOK | 食物 TYP | 食物 TOK | 人造物 TYP | 人造物 TOK | 社会事件 TYP | 社会事件 TOK |
|---|---|---|---|---|---|---|---|---|---|---|---|---|---|---|---|---|---|---|---|---|---|---|
| 上位 | 1 | 3 | 1 | 2 |  |  |  |  |  |  |  |  |  |  |  |  |  |  | 1 | 11 |  |  |
| 基本 | 4 | 14 | 1 | 2 | 5 | 23 | 0 | 0 | 2 | 4 | 2 | 4 | 2 | 2 | 0 | 0 | 5 | 20 | 22 | 44 | 1 | 1 |
| 下位 | 6 | 13 | 3 | 5 |  |  |  |  |  |  |  |  |  |  |  |  | 2 | 4 | 4 | 9 |  |  |

上位词总共的类别（TYP）/数目（TOK）(3/16)
基本层次词总共的类别（TYP）/数目（TOK）(44/114)
下位词总共的类别（TYP）/数目（TOK）(15/31)
总共类别（TYP）/数目（TOK）(62/161)

附录 8

# 依据平均话语长度（MLU）选择 11 组受试组（汉语周兢语料库）

| File_14月 | 14月_MLU | File_20月 | 20月_MLU | File_26月 | 26月_MLU | File_32月 | 32月_MLU |
|---|---|---|---|---|---|---|---|
| cs14a | 1.303 | cs20a | 1.375 | cs26a | 2.063 | cs32a | 2.567 |
| cs14b | 1.25 | cs20e | 1.4 | cs26b | 3.157 | cs32b | 3.434 |
| cs14c | 1.818 | cs20f | 1.286 | cs26c | 1.45 | cs32g | 2 |
| cs14d | 1.381 | cs20h | 1.304 | cs26d | 2.464 | cs32d | 2.684 |
| cs14e | 1.289 | cs20i | 1.585 | cs26e | 1.88 | cs32c | 2.565 |
| cs14f | 1 | cs20j | 1.278 | cs26f | 2.143 | cs32j | 2.633 |
| cs14g | 1.053 | cs20k | 1.303 | cs26g | 2.717 | cs32h | 2.93 |
| cs14h | 1.357 | cs20l | 1.746 | cs26h | 2.865 | cs32e | 3.177 |
| cs14i | 1.533 | cs20m | 1.654 | cs26i | 3.221 | cs32f | 3.558 |
| cs14j | 1.833 | cs20o | 1.909 | cs26j | 2.6 | cs32i | 2.767 |
| File_36月 | 36月_MLU | File_42月 | 42月_MLU | File_48月 | 48月_MLU | File_54月 | 54月_MLU |
| cs36ma10 | 2.231 | cs42fb20 | 2.317 | cs48fa06 | 2.377 | cs54fb18 | 2.459 |
| cs36fb20 | 2.392 | cs42fa07 | 2.523 | cs48fb17 | 2.682 | cs54fa09 | 2.752 |
| cs36fb19 | 2.202 | cs42ma04 | 2.253 | cs48fb18 | 2.208 | cs54fb20 | 2.413 |
| cs36fa06 | 2.301 | cs42mb15 | 2.401 | cs48fa08 | 2.431 | cs54fb16 | 2.567 |
| cs36mb12 | 2.226 | cs42fb16 | 2.317 | cs48fa05 | 2.213 | cs54ma01 | 2.426 |
| cs36fa09 | 2.265 | cs42mb14 | 2.393 | cs48fb20 | 2.401 | cs54fb17 | 2.489 |
| cs36fa07 | 2.343 | cs42mb12 | 2.434 | cs48mb12 | 2.539 | cs54ma05 | 2.618 |
| cs36ma01 | 2.388 | cs42fa08 | 2.489 | cs48fa07 | 2.541 | cs54ma02 | 2.627 |
| cs36mb11 | 2.587 | cs42fb18 | 2.574 | cs48mb15 | 2.706 | cs54ma04 | 2.97 |
| cs36ma04 | 2.333 | cs42fa06 | 2.429 | cs48ma03 | 2.444 | cs54fa08 | 2.615 |

<<< 附录8　依据平均话语长度（MLU）选择11组受试组（汉语周兢语料库）

续表

| File_60月 | 60月_MLU | File_66月 | 66月_MLU | File_72月 | 72月_MLU |
|---|---|---|---|---|---|
| cs60fa09 | 2.495 | cs66mb14 | 2.359 | cs72fb18 | 2.749 |
| cs60mb13 | 2.865 | cs66ma05 | 2.904 | cs72mb12 | 2.939 |
| cs60mb15 | 2.447 | cs66mb11 | 2.168 | cs72mb11 | 2.396 |
| cs60fa08 | 2.576 | cs66fa09 | 2.468 | cs72fb17 | 2.799 |
| cs60fb19 | 2.481 | cs66mb12 | 2.321 | cs72ma05 | 2.527 |
| cs60ma03 | 2.5 | cs66mb13 | 2.444 | cs72mb13 | 2.776 |
| cs60fa07 | 2.81 | cs66ma04 | 2.807 | cs72fa09 | 2.874 |
| cs60fb17 | 2.838 | cs66fb18 | 2.861 | cs72ma03 | 2.901 |
| cs60fb16 | 2.875 | cs66fb16 | 2.922 | cs72fa08 | 2.949 |
| cs60mb12 | 2.591 | cs66fb17 | 2.605 | cs72ma01 | 2.873 |

附录 9

# 以文字为刺激类型时成人反应时和正确率

| 受试 | 基本层次正确率 | 反应时（平均） | 下位层次正确率 | 反应时（平均） | 上位层次正确率 | 反应时（平均） |
| --- | --- | --- | --- | --- | --- | --- |
| 1 | 16 | 577.6875 | 13 | 513.3077 | 19 | 583.3684 |
| 2 | 17 | 642.8824 | 16 | 548.5625 | 17 | 553.2941 |
| 3 | 20 | 801.55 | 13 | 720.2308 | 20 | 878 |
| 4 | 19 | 499.8947 | 16 | 585.1875 | 18 | 582.1667 |
| 5 | 17 | 529.7647 | 14 | 515.1429 | 19 | 569.6842 |
| 6 | 17 | 634.2353 | 16 | 612.5625 | 19 | 619.1579 |
| 7 | 17 | 613.1176 | 14 | 630.8571 | 17 | 741.8824 |
| 8 | 16 | 702.75 | 17 | 618.3529 | 17 | 655.2941 |
| 9 | 18 | 575.4444 | 16 | 517 | 17 | 556.8235 |
| 10 | 16 | 567 | 11 | 512.9091 | 16 | 580.6875 |
| 11 | 17 | 702.2941 | 16 | 692.8125 | 16 | 737.125 |
| 12 | 17 | 628.2941 | 14 | 585.8571 | 18 | 671.7778 |
| 13 | 16 | 509.625 | 13 | 459.7692 | 20 | 503.15 |
| 14 | 17 | 592.4118 | 15 | 541.6667 | 20 | 665.6 |
| 15 | 13 | 643.3077 | 13 | 598.3077 | 15 | 708.1333 |
| 16 | 16 | 652.1875 | 12 | 658.8333 | 20 | 608.45 |
| 17 | 17 | 727.8235 | 17 | 694.1176 | 19 | 685 |
| 18 | 18 | 603.9444 | 16 | 554.0625 | 19 | 641.2105 |
| 19 | 17 | 606.5249 | 14 | 562.2857 | 13 | 620.0769 |
| 20 | 17 | 638 | 16 | 567.75 | 16 | 638.6875 |
| 21 | 18 | 636.7222 | 13 | 574.8462 | 15 | 613.6 |
| 22 | 19 | 796.1053 | 16 | 785 | 15 | 811.8667 |

续表

| 受试 | 基本层次正确率 | 反应时（平均） | 下位层次正确率 | 反应时（平均） | 上位层次正确率 | 反应时（平均） |
|---|---|---|---|---|---|---|
| 23 | 18 | 715.2778 | 16 | 653.4375 | 16 | 763.4375 |
| 24 | 15 | 695.8667 | 15 | 755.9333 | 16 | 799.6875 |
| 25 | 17 | 504.7647 | 15 | 500.2 | 18 | 558.7778 |
| 26 | 16 | 733.0625 | 14 | 836.2143 | 17 | 716.1765 |
| 27 | 20 | 705.9 | 14 | 664.6429 | 17 | 691 |
| 28 | 17 | 727.7647 | 13 | 726.9231 | 17 | 718.5294 |
| 29 | 14 | 897.7857 | 18 | 903.2778 | 18 | 871.2778 |
| 30 | 18 | 778.9444 | 9 | 672.8889 | 20 | 743.8 |
| 平均 | 17 | 654.697 | 14.5 | 625.43 | 17.466 | 669.59 |

# 附录 10

# 以图片为刺激类型时成人反应时和正确率

| 受试 | 基本层次正确率 | 反应时（平均） | 下位层次正确率 | 反应时（平均） | 上位层次正确率 | 反应时（平均） |
|---|---|---|---|---|---|---|
| 1 | 16 | 652.1875 | 12 | 658.8333 | 20 | 608.45 |
| 2 | 17 | 727.8235 | 17 | 694.1176 | 19 | 685 |
| 3 | 18 | 603.9444 | 16 | 554.0625 | 19 | 641.2105 |
| 4 | 17 | 606.5249 | 14 | 562.2857 | 13 | 620.0769 |
| 5 | 17 | 638 | 16 | 567.75 | 16 | 638.6875 |
| 6 | 18 | 636.7222 | 13 | 574.8462 | 15 | 613.6 |
| 7 | 19 | 796.1053 | 16 | 785 | 15 | 811.8667 |
| 8 | 18 | 715.2778 | 16 | 653.4375 | 16 | 763.4375 |
| 9 | 15 | 695.8667 | 15 | 755.9333 | 16 | 799.6875 |
| 10 | 17 | 504.7647 | 15 | 500.2 | 18 | 558.7778 |
| 11 | 16 | 733.0625 | 14 | 836.2143 | 17 | 716.1765 |
| 12 | 20 | 705.9 | 14 | 664.6429 | 17 | 691 |
| 13 | 17 | 727.7647 | 13 | 726.9231 | 17 | 718.5294 |
| 14 | 14 | 897.7857 | 18 | 903.2778 | 18 | 871.2778 |
| 15 | 18 | 778.9444 | 9 | 672.8889 | 20 | 743.8 |
| 16 | 16 | 577.6875 | 13 | 513.3077 | 19 | 583.3684 |
| 17 | 17 | 642.8824 | 16 | 548.5625 | 17 | 553.2941 |
| 18 | 20 | 801.55 | 13 | 720.2308 | 20 | 878 |
| 19 | 19 | 499.8947 | 16 | 585.1875 | 18 | 582.1667 |
| 20 | 17 | 529.7647 | 14 | 515.1429 | 19 | 569.6842 |
| 21 | 17 | 634.2353 | 16 | 612.5625 | 19 | 619.1579 |
| 22 | 17 | 613.1176 | 14 | 630.8571 | 17 | 741.8824 |

续表

| 受试 | 基本层次正确率 | 反应时（平均） | 下位层次正确率 | 反应时（平均） | 上位层次正确率 | 反应时（平均） |
| --- | --- | --- | --- | --- | --- | --- |
| 23 | 16 | 702.75 | 17 | 618.3529 | 17 | 655.2941 |
| 24 | 18 | 575.4444 | 16 | 517 | 17 | 556.8235 |
| 25 | 16 | 567 | 11 | 512.9091 | 16 | 580.6875 |
| 26 | 17 | 702.2941 | 16 | 692.8125 | 16 | 737.125 |
| 27 | 17 | 628.2941 | 14 | 585.8571 | 18 | 671.7778 |
| 28 | 16 | 509.625 | 13 | 459.7692 | 20 | 503.15 |
| 29 | 17 | 592.4118 | 15 | 541.6667 | 20 | 665.6 |
| 30 | 13 | 643.3077 | 13 | 598.3077 | 15 | 708.1333 |
| 平均 | 16.96 | 657.12 | 14.46 | 630.84 | 17.57 | 677.68 |

附录 11

# 以文字为刺激类型时儿童反应时和正确率

| 受试 | 基本层次正确率 | 反应时（平均） | 下位层次正确率 | 反应时（平均） | 上位层次正确率 | 反应时（平均） |
|---|---|---|---|---|---|---|
| 1 | 11 | 644.818182 | 14 | 746.071429 | 14 | 747.642857 |
| 2 | 13 | 680.076923 | 14 | 755.785714 | 17 | 845.647059 |
| 3 | 15 | 769.6 | 16 | 705.0625 | 15 | 764.8 |
| 4 | 13 | 835.3846 | 9 | 1031 | 8 | 876.5 |
| 5 | 10 | 542.2 | 11 | 686.90901 | 13 | 633.9231 |
| 6 | 12 | 787.6429 | 16 | 774.875 | 12 | 840.3333 |
| 7 | 12 | 683.58333 | 13 | 740.61538 | 13 | 716.3846 |
| 8 | 15 | 721.6 | 14 | 758.2143 | 16 | 796.375 |
| 9 | 7 | 929.4286 | 11 | 624.2727 | 14 | 784.71429 |
| 10 | 16 | 1023.0625 | 9 | 873.4444 | 10 | 1059.2 |
| 11 | 14 | 685.2143 | 13 | 705.61538 | 15 | 818.53333 |
| 12 | 14 | 565.7143 | 10 | 625 | 14 | 525.4286 |
| 13 | 10 | 549.7 | 11 | 662.3636 | 12 | 657.1667 |
| 14 | 10 | 778.4 | 15 | 753.0667 | 12 | 662.1667 |
| 15 | 13 | 872.6154 | 16 | 1044.3125 | 14 | 947.3571 |
| 16 | 16 | 595.8125 | 13 | 624.3846 | 16 | 611.4375 |
| 17 | 13 | 561.3077 | 10 | 473.8 | 15 | 585.8 |
| 18 | 18 | 622.2222 | 13 | 648.5384 | 18 | 747.0555 |
| 19 | 14 | 770.5 | 10 | 716.1 | 14 | 766 |
| 20 | 13 | 827.1538 | 14 | 699.6429 | 18 | 861.5556 |
| 21 | 17 | 733.2941 | 17 | 672.0585 | 18 | 861.5556 |
| 22 | 14 | 565.7143 | 10 | 625 | 14 | 525.4286 |

续表

| 受试 | 基本层次正确率 | 反应时（平均） | 下位层次正确率 | 反应时（平均） | 上位层次正确率 | 反应时（平均） |
| --- | --- | --- | --- | --- | --- | --- |
| 23 | 14 | 943.7143 | 14 | 942.8571 | 17 | 787.7059 |
| 24 | 15 | 857.7333 | 11 | 737.2727 | 15 | 873.3333 |
| 25 | 15 | 850 | 14 | 948 | 16 | 814.75 |
| 26 | 14 | 859.7857 | 11 | 857.2727 | 16 | 778.0625 |
| 27 | 17 | 939.7643 | 16 | 790.875 | 15 | 970.3333 |
| 28 | 13 | 704.7692 | 15 | 603.9333 | 18 | 805.5 |
| 29 | 10 | 774.9 | 14 | 885.2142 | 16 | 887.0625 |
| 30 | 13 | 840 | 13 | 768.0769 | 15 | 809.6 |
| 平均 | 13.333 | 750.117 | 12.896 | 749.851 | 14.62 | 778.70 |

附录 12

# 以图片为刺激类型时儿童反应时和正确率

| 受试 | 基本层次正确率 | 反应时（平均） | 下位层次正确率 | 反应时（平均） | 上位层次正确率 | 反应时（平均） |
| --- | --- | --- | --- | --- | --- | --- |
| 1 | 12 | 621.3333 | 10 | 714.7 | 11 | 704.9091 |
| 2 | 16 | 906.1875 | 13 | 788.1538 | 15 | 828.5333 |
| 3 | 16 | 717.9375 | 8 | 510.125 | 12 | 728.0833 |
| 4 | 14 | 903.3571 | 10 | 895.1 | 11 | 843.6364 |
| 5 | 17 | 792.1765 | 13 | 895.8462 | 10 | 803 |
| 6 | 14 | 1064.857 | 13 | 971 | 16 | 952.375 |
| 7 | 15 | 535.4 | 12 | 513.0833 | 13 | 573.1538 |
| 8 | 16 | 876.6875 | 10 | 868.8 | 16 | 902.625 |
| 9 | 9 | 718.8889 | 13 | 758.0769 | 15 | 729.2 |
| 10 | 11 | 701.6364 | 13 | 716.3077 | 16 | 748.75 |
| 11 | 18 | 906.2778 | 12 | 883.1667 | 13 | 928.5385 |
| 12 | 13 | 995.9231 | 10 | 799.7 | 13 | 992.6932 |
| 13 | 17 | 756.4706 | 12 | 802.6667 | 19 | 764.5789 |
| 14 | 12 | 938.9167 | 11 | 779.5455 | 16 | 841.75 |
| 15 | 15 | 902.1333 | 11 | 869.8182 | 19 | 955.6316 |
| 16 | 16 | 766.3125 | 13 | 719.8462 | 18 | 777.8889 |
| 17 | 16 | 702.3125 | 14 | 693.2857 | 18 | 806.4444 |
| 18 | 17 | 944.125 | 13 | 962.1538 | 19 | 908.2632 |
| 19 | 16 | 853.25 | 13 | 737.8462 | 17 | 806.2941 |
| 20 | 16 | 816.0625 | 9 | 699.8889 | 14 | 815.6429 |
| 21 | 15 | 673.2667 | 13 | 587.92308 | 14 | 595.2143 |
| 22 | 17 | 791.1875 | 13 | 859.30769 | 18 | 890.4444 |

续表

| 受试 | 基本层次正确率 | 反应时（平均） | 下位层次正确率 | 反应时（平均） | 上位层次正确率 | 反应时（平均） |
|---|---|---|---|---|---|---|
| 23 | 15 | 779.4667 | 12 | 732.08333 | 17 | 885.6471 |
| 24 | 14 | 812.5 | 9 | 658.55556 | 17 | 887.4706 |
| 25 | 18 | 827.25 | 9 | 745.66667 | 16 | 899.375 |
| 26 | 16 | 942.5 | 9 | 1034.5556 | 18 | 986 |
| 27 | 16 | 849.5625 | 11 | 777.81818 | 12 | 820.25 |
| 28 | 16 | 857.125 | 13 | 730.38462 | 17 | 826.8235 |
| 29 | 16 | 847.625 | 12 | 799.75 | 15 | 1041.2 |
| 30 | 14 | 681.5714 | 13 | 698 | 17 | 694.1176 |
| 平均 | 15.185 | 820.20 | 11.75 | 780.069 | 15.85 | 839.1407 |

# 后 记

  本书出版获得了国家社科基金一般项目"汉语儿童早期范畴分类能力的发展研究"（11BYY037）的资助。从 2011 年笔者获得国家社科基金立项，到 2017 年项目结项，再到 2018 年项目成果的书稿付梓，历时七载。回首七年历程，一路走来，要感谢的人太多。

  感谢湖南大学外国语学院院长刘正光教授大力推出"新人文话语"丛书，助力外国语言文学学科的发展。感谢刘正光教授的鼓励，让我有信心撰写本书稿。感谢我所带的本科生、硕士生和博士生，他们陆续参与本研究项目，并做出了自己的贡献。感谢邹晚珍、吴璇、朱丽娟对部分个案和数据库语料的整理，感谢鹿青对部分脑电（ERP）数据的收集和处理，感谢翟梦辉、欧阳桂花、隆江源、周焕梅和谢韬对文稿的编辑，感谢穆亚婷对全书文本的核校。

  感谢我的导师李行德教授和王初明教授，从他们身上我耳濡目染了许多人生哲理和对学术的坚守精神。老师的恩情没齿难忘，唯有谨记教诲，继续前行！

曾 涛 于岳麓山下<br>2018 年 7 月 31 日